나쁜 기억에서
자유로워지는 연습

나쁜 기억에서
자유로워지는 연습

이진희 지음

일상의 불안부터 트라우마까지 치유하는 EFT

팜파스

_____

김 군은 훈련소에서 공황발작을 일으켜서 잠시 퇴소했다. 그러나 1달 이내에 다시 군대로 돌아가야 한다. 단체 생활에 대한 끔찍한 기억과 훈련소의 지옥 같은 기억이 머릿속에서 떠나질 않는다 이 생각 때문에 밤마다 뜬눈으로 지새운 지도 벌써 5일째다. 방안의 시계는 째깍째깍! 시간은 왜 이렇게 빨리 가는 것만 같은지, 돌아갈 시간은 점점 다가오고, 긴장감과 불안감은 점점 더 커져만 간다.

1달 전 박 양은 교통사고를 당했다. 그 후로 박 양은 건널목을 건너기 위해 차도 근처에만 가도 두려움에 온몸이 떨리고 심장이 쿵쾅쿵쾅 거렸다. 인도를 걸을 때도 두려운 건 마찬가지였다. 차도의 차가 그녀를 향해 달려올 것만 같았다. 그뿐만이 아니었다. 밤이 되면 매번 교통사고를 당하는 악몽을 꾸어서, 그녀는 밤에 잠을 자는 것이 너무나 두려웠다. 교통사고 한 번에 박 양의 삶은 순식간에 황폐해져 버렸다.

다른 것은 잘만 잊어버리면서, 생각 안 나도 좋을 법한 기억들은 왜 이렇게 잊히지 않는지……. 괴로운 기억에 자신도 모르게 한숨이 나오고 가슴만 답답해진다. 남녀노소 막론하고, 살다 보면 생각하기도 싫고 잊어버리고 싶은 기억이 적어도 하나쯤은 있게 마련이다. '그때 그 일만 없었더라도 내가 지금처럼 살지 않았을 텐데.' 그러나 아무리 한탄해본들 현실이 바뀌지도 않고, 그때 그 기억만 생생하게 떠올라 마음만 상하기 일쑤다. 그저 시간이 흘러 내 형편이 바뀌고, 그 기억이 희미해지길 바랄 수밖에. 그러나 나쁜 기억은 말 그대로 나쁜 녀석이라서, 이런 내 마음을 알 리가 없다. 세상이 날 힘들고 지치게 만들 때면 어김없이 나를 찾아와 나의 평화란 안중에도 없는 듯 나를 더 혼란스럽고 힘들게 만든다. 그리하여 결국 가볍게는 기분이 나쁜 상태를, 심하게는 죽음의 공포를 느끼게 한다.

그래서일까? 사람들은 '긍정적으로 생각하면서 힘든 상황을 이겨내야지.'라고 마음을 다독이면서도, 너무나 괴로운 나머지 이런 생각을 한다. '사고가 나서 기억상실증에 걸리면 어떨까?', '혹시 특정 기억만 없앨 수 있는 방법은 없을까?'와 같은 다양한 생각 말이다. 그러나 적어도 아직까지는 답이 없어 보이기에, 바쁘게, 힘들게 살면서 혹은 술이나 게임, 운동 등 다른 것으로 주의를 돌리면서 그 아픔을 시간과 함께 잊길 바란다. 나쁜 기억으로부터 자유로워질 수 있는 방법에 대해 알려준 사람들이 없기 때문에 고른 선택이다. 실제로 기억력을 높이는 방법에 대한 책들은 많아도 기억을 없애는 방법에 대한 책은 없지 않은가?

그렇다고 해서 부정적인 기억으로부터 벗어나려는 노력을 아무도 하지 않는 건 아니다. 세계 각국의 과학자들은 그런 이들을 위해 다양한 노력을 한다. 최근 기억을 지울 수 있는 알약을 개발했다고 발표한 미국 존스 홉킨스 대학의 과학자들도 그들 중 하나이다. 이 연구팀은 고통스러운 기억이 떠오를 때마다 대뇌에서 독특한 수용체 단백질이 생성되는 것을 발견했는데, 이 단백질은 구조가 불안정하다는 것을 알아냈다. 약물을 이용해서 이 단백질을 제거하면 고통스러운 기억으로부터 해방될 수 있다. 비록 이 실험은 아직 쥐만을 대상으로 이뤄진 것이지만, 연구팀들은 사람들에게도 동일하게 적용될 것이라고 확신한다. 그러나 특정 단백질만을 제거한다고 해서 우리의 기억이 완전히 사라질지는 정확히 알 수 없다. 왜냐하면 반세기가 넘도록 기억에 대해 연구를 해왔으나 아직도 기억에 대해 정확하게 밝혀진 바가 없기 때문이다. 또한 약의 복용을 통한 기억 지우기는 우리가 알지 못하는 부작용이 생길지도 모른다.

우리가 우울증을 치료하기 위한 약을 생각해봐도 이를 알 수 있다.

항우울제도 종류에 따라 다르긴 하지만, 약물에 따라 기립성 저혈압, 체중 증가, 성 기능 저하 등의 부작용이 나타나기도 하고, 변비나 구강 건조 등의 문제가 생기기도 한다. 게다가 쥐와 인간이 같을 순 없지 않은가? 그리고 무엇보다 하염없이 그런 약이 나오기만 기다리면서 우리의 오늘을 희생할 수만은 없다.

그럼 방법도 없는데 어떻게 하라는 말이냐고 따지고 싶을지도 모르겠다. 그런 이들을 위해 약간은 이색적이지만 빠른 속도로 나쁜 기억을 지울 수 있는 방법을 알려주고자 한다. 약을 먹지 않아도 되고, 혼자서 쉽게 따라 할 수 있는 EFT 기법이 그것이다. 나쁜 기억 지우개 EFT 기법을 이용하면, 나쁜 기억들이 쓱쓱 지워진다. 이것이 정말 사실인지 궁금할 것이다. 이를 위해 여기 나쁜 기억 지우기에 성공한 사람들의 이야기를 들어보자. 시작에 앞서 나쁜 기억 지우기에 성공한 사람들의 몇 가지 사례를 간단히 소개한다.

괴로운 기억에서 해방된 사람들

훈련소에서 공황발작을 일으켜 진정제를 맞고 퇴소한 김 군. 김 군은 어릴 적부터 단체 생활을 어려워했다. 어릴 적의 기억과 훈련소에 있었던 5일간의 기억을 지우자 김 군은 단체 생활에서 느꼈던 거부감과 패배감으로부터 자유로워졌을 뿐만 아니라, 단체 생활에서도 성공적인 경험을 할 수 있었다. 두렵기만 했던 군 생활도 무사히 마칠 수 있었다.

박 양은 교통사고를 당했던 기억을 지우기 시작했다. 앞에서 달려오는 상대방 차의 전조등, '끼이익' 타이어 소리, 충돌을 하면서 차체가 흔들리는 느낌 등이 박 양의 몸속에 그대로 기억되어 있었다. 그 기억들을 하나씩 지워나가자 박 양은 이전과 마찬가지로 편안하게 건널목도 건너고 인도도 걸어 다닐 수 있게 되었다. 물론 교통사고를 당하는 악몽도 사라졌다. 교통사고 후유증으로 아팠던 허리 증상도 깨끗하게 사라졌다.

어린 시절부터 엄격한 아버지 밑에서 자랐던 박 과장은 자신의 의견을 이야기할 때마다 아버지 말에 토를 단다고 아버지에게 꾸지람을 듣곤 했다. 자신의 의견을 표현하는 것이 서툴렀던 박 과장은 대학 시절 발표를 하면서 발표 불안으로 인해 망신을 당한다. 그 이후로 줄곧 발표 불안으로 힘들어했다. 그러나 대학 시절과 어린 시절의 기억을 지우고 나자 발표는 물론 사람들 앞에서 자신의 의견을 편안하게 이야기할 수 있게 되었다.

만성 우울증을 앓는 엄마에게 구타를 당하고 방치되었던 한 여학생. 지긋지긋한 집에서 너무나도 벗어나고 싶지만 뜻대로 되지 않았다. 그로 인해 지나친 스트레스로 탈모를 비롯한 피부질환, 잇몸 질환 등으로 고생하던 그녀는 엄마의 폭력으로 인해 괴로웠던 기억을 지우고 나자, 검정고시를 통과하고, 용기를 내어 외국 유학까지 가게 되었다.

한 남학생은 대학 수학 능력 평가를 망치고 난 후, 특정 과목 시험만 보면 온몸에 땀이 나고 긴장을 했다. 심지어 가만히 앉아 그 과목을 생각하는 것만으로도 온 몸에 땀이 나고 긴장했다. 시험을 망쳤던 기억을 지우자 언제 그랬냐는 듯이 신체적 증상뿐만 아니라 시험 불안 수치도 급속도로 감소했다.

갑작스런 난시와 불안감으로 힘들어했던 여성이 있었다. 그녀의 불안은 아버지의 폭력적 성향으로 인한 충격에 기인한 것이었다. 그 충격과 관련된 대표적인 사건들을 지우자, 불안감이 감소하였을 뿐만 아니라 난시까지 사라졌다.

한 여성은 폭력적이고 무책임한 아버지 손에서 자라, 30년 동안 범불안장애와 불면증에 시달렸다. 아버지와 관련된 기억들을 지워나가자, 불안감도 소멸하고 불면증도 깨끗하게 사라져서 2년이 지난 지금까지도 편안하게 잘 잔다고 한다.

아이를 너무 갖고 싶었지만 7년 동안이나 아이가 들어서지 않아 힘든 한 여성이 있었다. 그녀가 조산을 했던 기억을 비롯해서 임신에 실패했던 기억 등을 지우자, 드디어 꿈에 그리던 임신에 성공했다. 지금은 태어날 아기를 위한 용품 만들기에 한창이다.

사랑하는 부인을 교통사고로 잃게 된 남성은 매일 슬픔과 비통함에 빠져 살고 있었다. 직장 생활도, 남아 있는 아이들도 제대로 양육하지 못하고 슬픔에 빠져 근근이 생활했다. 시간이 지나 교통사고의 끔찍한 기억을 지우자 비로소 편안해질 수 있었다.

'겸손하게 살아야지. 내 주제에 사람들 앞에서 강의를 할 수 있겠어?' 호주의 한 여성은 부정적인 생각과 자신감 결여로 인해 강의를 하고픈 자신의 꿈을 시도조차 하지 못했다. 그러나 이런 생각들을 지우자 그녀는 자신감을 얻게 되었고, 꿈에 바라던 강의를 할 뜻밖의 기회를 얻었다. 그 이후로 그녀는 1주일에 2일만 강의를 하면서도 충분하게 돈을 벌 수 있게 되어, 나머지 시간은 자신이 원하는 일을 하며 행복하게 잘살고 있다.

베트남 전쟁 참전 후, 자살 충동, 망상장애, 고소공포증, 우울증, 악몽, 대인공포에 시달리던 한 남성이 전쟁의 기억 등을 지워나가자, 위의 모든 증상이 소실되었다. 소실된 후 90일 이후에 추적 조사를 했을 때도 이 결과는 그대로 유지되었다.

 EFT 기법은 주관적으로 왠지 기분이 좋아진 것 같은 착각을 들게 하는 것이 아니라, 실질적인 호르몬의 변화까지도 가져온다. 전쟁 참전 용사들을 대상으로 1시간 정도 EFT 치료를 했을 때, 아무런 치료를 받지 않은 집단이나 일반적인 심리 치료를 받은 집단에 비해 스트레스 호르몬인 코르티솔 호르몬이 25% 감소하는 결과를 보였다.

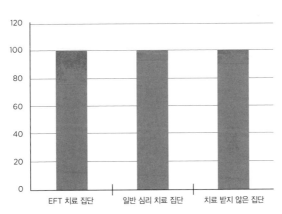

치료 후 코르티솔 호르몬 변화

1시간 동안 EFT 치료를 받은 집단은 그렇지 않거나 일반적인 심리 치료 집단보다 평균 25% 정도 스트레스 호르몬인 코르티솔 호르몬이 감소되는 결과를 보였다. EFT를 하면 왠지 기분이 좋아지는 것 같은 착각이 드는 것이 아니라, 이와 같은 실질적인 호르몬의 변화도 수반된다. [출처 : 심리학자이자 EFT 전문가인 도슨 처치Dawson Church의 2009년 Wholistic Healing Publications에 실린 한 연구 결과]

EFTEmotional Freedom Technique는 정서자유기법의 약자로, 이름 그대로 원치 않는 감정과 기억을 해소하는 방법이다. 한의학과 심리학을 결합한 경락 기반 심리 치료 방법으로, 해결하고 싶은 정서적인 문제를 주어진 형식에 맞게 표현하면서(심리학) 동시에 경혈을 두드린다(한의학). 현재 35개국 이상에서 600만 명 이상의 사람들이 사용하고 있다. 그 수만큼이나 EFT 기법을 통해 부정적인 감정과 기억에서 자유로워진 사람들이 많다.

이 책은 『나쁜 기억 지우기: 가장 쉽게 마음의 독소를 씻어내는 법 EFT』라는 책의 개정판으로, 사람들을 힘들게 하는 부정적인 감정과 기억들을 지울 수 있는 방법을 소개하기 위해 쓰였다. 그전에 적을 알고 나를 알면 백전백승이니만큼, 우리의 감정과 기억을 만드는 요소들과 우리는 감정과 기억을 얼마나 오해하고 있는지를 다루었다. 이는 우리도 몰랐던 감정을 찾고 이해하며 마주하는 기반이 된다. 이 기반을 탄탄하게 갖추고 나면 EFT 기법을 적용하는 방법을 제시한다. 단순히 방법론 설명에 그치는 것이 아니라, 실제로 EFT 기법이 활용된 예를 제시함으로써 그 효용성을 입증했다. 그 예들이 우리 일상에서 쉽게 볼 수 있는 것들이니만큼 자신의 삶에 적용해보아도 좋을 것이다.

또한 개정판에서는 사람들의 마음, 감정의 영역에 대한 정보를 좀 더 담았다. 예전에 비해 심리 상담이나 정신건강의학과 치료에 대한 사람들의 인식이 나아졌고, 손쉽게 다양한 정보를 접할 수 있게 됐지만, 여전히 마음의 영역은 막연하고 낯설게 느껴지는 경우가 많다. 사례를 통해 많은 이들이 경험하고 있는 상태들에 대한 이해를 넓히고, 마음의 병에 대한 잘못된 정보와 치유의 과정에서 필요한 정보도 추가적으로 더 담았다. EFT 기법에 대한 관심이 크지 않더라도, 사람들의 심리에 대한 이해를 도와줄 수 있을 것이다.

필자의 개인적인 바람은 조금 더 많은 사람들이 자신의 감정을 잘 관리하는 법을 배워 더 행복한 삶을 사는 것이다. 그리고 이 EFT 기법이 사람들에게 그러한 방법이 되어주길 바란다. 하지만 그렇다고 해서 무조건 이 방법을 믿기를 바라는 것은 아니다. 이 책을 잘 읽고 잘 따라한다면, EFT 기법을 믿든 믿지 않든 마음이 편해지는 경험을 하게 될 것이다. EFT 기법은 플라세보 효과가 아니기 때문에 이에 대한 믿음의 여부는 크게 중요하지 않다.

이 책이 이 책을 읽는 이의 삶에 선한 영향을 주길 바라며, 열린 마음으로 이 책을 읽어주길 바란다.

1

우리는
우리의
마음을
모른다

'내가 왜 이렇게 되었을까?'
모른다는 두려움

"우울증 증상"

검색창에 나온 결과를 읽는 눈동자가 바삐 움직인다.

'혹시 우울증에 걸린 것 아닐까?' 최근 지인도 "너 요즘 무슨 일 있어? 안색도 안 좋아 보여."라고 말하지 않았던가. 남들이 보기에도 나의 어딘가가 이상한 것 같다면, 정말 나에게 문제가 있는 건 아닐까? 최근 나의 상태를 인터넷에 검색해보니 우울증 증상과 비슷하다. 그뿐 아니다. 주의력이 떨어지니까, 이건 ADHD? 요즘 잠도 잘 못 자는데, 불면증인가? 감정 조절도 안 되니까, 감정 조절 장애?

예전에는 가까운 지인에게 "나 요즘 우울증인가 봐."라는 말을 반농담 삼아 하기도 했던 사람도, 막상 더 힘들어지면 자신의 상태를 누군가에게 이야기하는 것은 쉽지 않다. 대신 검색 엔진의 도움을 받아 말 못 할 자신의 상태를 슬며시 알아보고는 여러 가지 증상에 자신이 다 부합된다는 생각을 한다. 사실이라면 심각한 상태이지만, 병원에는 가지 않는다. 병원 기록이 남아 정신병자 혹은 사회 부적응자로 낙인찍힐까 봐 가슴앓이만 한다. 공황장애를 앓는 유명 연예인을 정신병자라고 손가락질하지 않는다는 것을 알고 있지만, 막상 자신의 문제가 되면 그렇게 쉽게 생각할 수 없다.

설령 두려움을 이겨내고 전문가의 도움을 받으려는 사람은 또 다른 장애물 앞에서 좌절한다. 바로 자기 자신에 대한 두려움이다. '내가 왜 이렇게 되었을까?', '원인을 알 수 있을까?', '혹시 끔찍한 이유 때문이면 어떻게 하지?', '치료가 되지 않으면 어떡하지?' 등 마음의 병이 호전되지 못할 것에 대한 걱정과 함께, 자신의 의지와 무관하게 자신의 삶을 좌지우지하는 무의식이 두렵기만 하다.

과거에는 일식日蝕, 월식月蝕 등 자연 현상을 설명할 수 있는 지식이 없었다. 그래서 당시 사람들은 일식이나 월식이 나타나면, 신이 노했거나 통치자가 잘못했다고 생각했다. 뱃사람들은 한걸음 더 나아갔다. 태풍 등 자연재해로 인해 사람들이 죽거나 재산을 잃으면, 살아 있는 제물을 바쳐 해신海神의 노한 마음을 풀어주려고 했으니 말이다. 지식이 부족하면 두려움과 잘못된 대처방안을 만들어 내는 법이다.

마음의 병을 대하는 우리도 마찬가지이다. 10년 전보다는 정신건

강의학(신경정신과)과 관련 질병에 대한 지식과 인식들이 나아지긴 했지만, 여전히 마음의 병은 낯설고 어렵게 느껴진다. 팔이나 다리의 뼈가 부러져 깁스를 할 때는 '불편하다, 귀찮다' 등으로 인식한다면, 우울감이나 불안감, 혹은 분노를 느낄 때면 '감정 조절도 못 하는 의지박약의, 부적응자, 유별난, 부족한 사람'으로 여긴다. 하지만 이는 일식과 월식을 잘못 생각한 과거처럼, 몰라서 생기는 왜곡된 생각이다.

지식은 발전하고 있고, 우리의 마음과 무의식의 특성에 대한 연구들도 활발하게 진행되고 있다. 자신이 혹은 주변의 누군가가 마음으로 아파한다면, 우리가 해야 할 것은 두려움으로 그 상황을 부끄러워하거나 쉬쉬하는 것이 아니라, 열린 마음으로, 무의식과 마음에 대한 탐사를 할 필요가 있다. 그때 우리는 비로소 왜 마음의 병이 왔는지, 또 어떻게 해야 이에서 벗어날 수 있는지 그 답을 알 수 있게 된다.

'어느 날 갑자기?'
이유 없이 찾아오는 증상은 없다

"선생님, 저 원래 이런 사람이 아니었어요!"

"그날부터였어요. 그때 발표를 할 때 긴장되기 시작하더니, 그 후부터 사람 앞에만 서도 불안하고, 점점 불안감이 커져서……."

대개의 사람들은 자신의 병이 '어느 날 갑자기' 찾아왔다고 한다. 그들 중 일부는 교통사고, 자연재해, 충격적 사건 등과 같은 이유가 있어서 이러한 증상들이 왔다고 한다. 이러한 사람들은 다행인 편이다. 나름 원인과 이유가 명확하면 사람들은 힘들긴 하지만, 다소 불편하지만 그 상황을 피하면 되니 덜 힘들고, 또 이유를 알고 있으니 이유를 모르는 불안감에서 벗어날 수 있어 덜 힘들다. 하지만 이유를 안다고 할지라도, 자신이 생각하는 것보다 원치 않는 반응이 강하거나 오래 지속되면(어떤 이에게는 그것이 불안이고, 어떤 이에게는 그것이 우울감, 무력감, 분노일 수도 있다.) 사람들은 당황하고 혼란스러워하게 된다. '이 정도는 아닌데, 왜 이런 일이 벌어지지? 나에게 무슨 문제가 있는 걸까?' 혹은 '다른 사람들은 이 정도 시간이 지나면 괜찮아진다고 했는데, 나는 왜 이러지?'라고 생각하면서 말이다.

이보다 더 힘든 사람은 원인을 알지 못하는 사람들이다.

"그냥 평범한 날이었어요. 회사 가는 버스를 탔는데, 갑자기 숨을 쉴 수가 없었어요. 그 전날만 해도 아무렇지 않게 잘만 타던 버스였는데……. 도대체 왜 이러는 거죠?"

많은 사람들은 '어느 날 갑자기' 몸과 마음에 이상한 증상이 나타났다고 말한다. 하지만 아무런 이유 없이 나타나는 증상은 없다. 다만 자신이 그 원인을 모를 뿐이다. 그도 그럴 수 있는 것이, 모든 질병이 명확한 원인이 일어난 직후에 발생하지 않는다. 게다가 원인이 하나인 경우도 있지만 복합적인 경우도 있다.

『한비자』의 「망징」(亡徵: 나라가 망할 징조) 편에는 이런 글귀가 있다.

나무가 부러지는 것은 반드시 벌레가 파먹었기 때문이고, 담장이 무너지는 것은 반드시 틈이 생겼기 때문이다. 그러니 비록 나무에 벌레가 먹었다 하더라도 강한 바람이 불지 않으면 부러지지 않을 것이고, 벽에 틈이 생겼다 하더라도 큰비가 내리지 않으면 무너지지 않는다.

　우리 마음도 부러진 나무와 무너진 담과 같다. 언뜻 갑작스러워 보이는 증상 이면에는 대개 그럴 만한 요소들이 있는 경우가 많다. 성장 과정의 문제, 성격적 요소, 직장 생활에서의 스트레스 등 어떠한 요소로 인해 몸과 마음은 많이 힘들었을 것이다. 하루 이틀 야근을 한다고 바로 골골 대는 것은 아니지만, 그 일이 1달, 2달, 3달이 되면 몸도 피곤해져서, 괜히 가까운 지인이 하는 말 한마디에 짜증을 낼 때가 있지 않은가? 누적된 스트레스도 마찬가지다. 벌레가 나무를 파먹듯 우리의 정신 건강을 파먹는다. 그러다 불어오는 바람에 어느 순간 무너진다. 벌레가 나무를 너무 많이 파먹으면 잔잔한 바람에도 무너지는 것처럼, 평범한 일상의 작은 자극이 눈에 띄는 증상을 만들어낸다.

　어느 60대 여성은 우울감과 흐르는 눈물을 감당하지 못하고 있었다. 어느 순간부터 때로는 한없이 무기력하게, 때로는 하염없이 눈물로 하루하루를 보냈다. 자식들을 보며 그러면 안 된다고 생각하면서도 자신도 모르게 베란다 쪽으로 다가가 위험한 행동을 하고 싶은 충동을 느꼈다. 그런 자신을 보는 것도 괴로운 일이었다. 이 모든 증상이 '어느 날 갑자기' 가족 모두가 인식할 만큼 강렬하게 나타났다.
　겉으로 나타나는 증상들도 중요하지만, 마음의 상처를 들여다보기 위해서는 개인의 삶을 살펴볼 필요가 있다. 이 여성은 전쟁 이후, 아버지를 일찍 여의고 홀어머니 밑에서 가난하게 자랐던 터라 13살 남짓의 어린 나이로 다른 집에 일을 하러 갔다. 아버지의 부재, 어려운 경제 사정으로 인해 우여곡절의 순간들이 참 많았지만, 결혼을 한 후에는 든든한 남편을 만나 힘들지만, 행복하게 살았다.

아픔은 왜 함께 오는지, 남편이 떠나고 덩달아 아들의 사업이 어려워지자 슬픔을 느낄 틈도 없이 그녀는 부지런히 일을 했다. 그렇게 5년이 훌쩍 지나 아들의 사업도 좀 안정되고, '이젠 숨 좀 돌릴 수 있겠다'고 여길 때쯤, 그녀에게 우울증이 찾아왔다.

의사나 상담사가 "언제부터 이러한 우울감을 느끼기 시작했나요?" 혹은 "최근에 스트레스 받을만한 일이 있었나요?"라고 물으면, 그녀는 "별일은 없어요. 오히려 요즘엔 일도 적게 하고 생활이 더 편해졌는데요."라고 답변했다. 그녀가 느끼기에 그것이 사실이기도 했다.

쓰나미가 오면 많은 건물들이 무너지지만, 튼튼한 나무는 웬만한 강한 바람에는 쉬이 무너지지 않는다. 사람도 마찬가지다. 특별한 이유가 없어 보이지만 문제가 생긴다는 것은, 마음의 상처라는 잘 보이지 않는 원인을 우리가 놓치고 있기 때문이다.

하지만 마음의 이러한 특성을 알고, 그 사람의 삶을 살펴보면 그 원인은 자연스럽게 그 모습을 드러낸다. 아버지의 부재로 인한 고통받던 시절의 아픔들과 든든하게 자신을 보살피며 아버지 역할을 해준 남편과의 이별에 대한 상처, 혼자가 되면서 느꼈던 외로움 등을 EFT 기법으로 치유해주자, 그녀는 우울증으로부터 자유로워질 수 있었다.

이유가 없는 병은 없다. 다만 우리가 그 이유를 지금 알지 못할 뿐이다. 하지만 마음에 대해 알면 알수록, 그 원인도 해결책도 찾을 수 있게 된다.

'도대체 무엇이 문제일까?'
이유는 다양하다

정서적으로 받아들이기 힘든 일을 겪으면, 반드시 마음에 그 흔적이 남는다. 사람들 앞에서 놀림을 당했다거나, 왕따를 당했다거나, 혹은 심각한 가정 폭력을 당한 경우에도 그러하다.

"모든 사람들이 저처럼 힘든 것들을 이겨내지 못하는 것은 아니잖아요? 그런데 왜 저는 이렇게 시간이 지나도 힘들어 하는 걸까요? 도대체 뭐가 문제일까요?"

이는 마음의 병이 생기는 원인이 늘 하나이거나 단순하지 않기 때문이다. 꽃이 시드는 이유는 단순하게 물만 주지 않아서가 아니라, 햇빛의 부족일 수도 있고, 거름이 부족인 수도 있다. 꽃이 시드는 이유도 하나가 아닌데, 사람의 병은 오죽할까? 그중 대표적인 이유들을 살펴보자.

환경적 요인

옷을 따뜻하게 입었지만, 영하 20도의 추운 곳에 10시간 이상 서 있었다면, 그 사람의 건강은 괜찮을까? 대부분의 사람들이 '건강하지 못할 것'이라고 생각할 것이다. 그렇다면 '험담과 비교, 비난을 지속적으로 일삼는 직장 상사와 동료가 있는 직장에서 일을 할 때, 그 사람의 정신 건강은 괜찮을까'라는 질문에 대해서는 어떻게 대답할까? 그런 곳에서 오래 일하면 정신 건강이 좋지 않을 것이라고 생각하면서도, '직장 생활이 다 그렇다.'라며 그 상황을 견뎌야 한다고 생각하는 이들도 꽤 있을 것이다.

마음이 아플 때, 가장 먼저 개선되면 좋지만 제일 먼저 배제되는 요인이 바로 환경적 요인이다. 환경적 요인은 성장 과정과 현재 주어진 환경, 사회문화적 환경으로 나눌 수 있다. 이들은 서로 연관성이 높다. 여기에서는 성장 과정과 현재 환경에 대한 부분들을 살펴보고자 한다.

"당신이 지니고 있는 분노조절장애의 원인은 어린 시절의 상처에 의한 것입니다."

어린 시절, 아버지는 별것도 아닌 것으로 엄마에게 욕을 하며 화를 냈다. 심할 때는 때리기도 했다. 하지만 규석 씨는 이를 받아들이기가 쉽지 않았다. 지금은 시간이 많이 흘러 아버지는 이미 돌아가셨는데, 자신의 분노조절장애가 어린 시절의 상처 때문이라고?

최근 미국 뉴욕대학New York University과 노스캐롤라이나대학 채플힐 캠퍼스The University of North Carolina at Chapel Hill 내 연구진이 생후 2개월부터 다섯 살 미만의 어린이 1,025명과 부모를 대상으로 연구한 결과, 부부싸움을 많이 한 가정의 아이는 감정을 제어하지 못할 가능성이 높았다. 부부가 싸움을 하는 동안 아이들은 과도한 경계심을 보이는 과각성過覺醒 상태가 되는데, 이런 상황이 반복되면 심리적으로 큰 위협이 없는 장소에서도 감정을 제어하지 못하게 된다는 것이다.

부모님의 부부싸움을 자주 목격한 아이는 감정을 제어하지 못할 가능성이 높다.

어린 시절의 성장 환경, 심지어 엄마 뱃속의 환경조차도 현재 우리 삶에 크고 작은 영향을 미친다. 2차 세계 대전 무렵, 네덜란드에는 전쟁으로 인한 엄청난 기근이 발생했다. 네덜란드 서부 주요 도시의 시민들은 여성 기준 하루 평균 2,300kcal에 한참 못 미치는 500kcal 정도의 식량을 배급받았다. 이때의 상황은 기근이 시작된 날과 끝난 날짜가 정확하게 기록되어 있고, 그 기간 네덜란드 사람들의 건강 기록을 꼼꼼하게 작성해서 보관했기 때문에 산모의 영양이 태아에게 미치는 영향을 살펴볼 수 있는 중요한 근거가 되었다. 이 기록에 따르면 임신 중·후기에 기근에 노출된 사람은 기근 전·후에 태어난 사람들에 비해 비만율이 약 2배 정도 높았다. 또한 고혈압, 심장동맥질환, 2형 당뇨 발병률도 더 높았다. 정신적인 부분에도 영향을 미쳤는데, 출생 전 기근에 노출되었던 사람들의 경우 조현병의 발병률이 유의미하게 높았다. 우울증과 같은 정동장애의 발병률과 남성들의 반사회적 성격장애의 발병률 또한 마찬가지였다.

이러한 사실은 많은 이들에게 좌절감을 준다. '엄마 뱃속의 일을 기억도 못 하는데, 그때의 일들이 지금, 나아가 평생 영향을 미친다고? 이미 일어난 일이고, 바꿀 수도 없는 과거인데?' 그렇다. 이미 일어난 일을 우리는 바꿀 수 없다. 그러나 일어난 일에 대한 우리의 반응을 바꿀 수 있으며, 그 변화가 앞서 보여준 것처럼 단순한 마음의 평화가 아닌 호르몬의 변화까지 가져온다. 그러니 설령 자신의 과거 환경이 좋지 않다고 해서 좌절할 필요는 없다.

과거의 환경도 저런 영향을 미치는데, 하물며 현재의 환경은 얼마나 큰 영향을 끼칠까?

한 예로 직장 내 왕따 현상을 들 수 있다. 일을 몰아주거나, 모멸감을 주거나, 골탕을 먹이는 부당한 환경에서 한 개인이 버티지 못하는 것을 안타깝게 생각함과 동시에 '사회성 부족, 곱게 자라서 정신력이 약해서'라고 생각하는 사람들도 많다. 그러나 아무리 능력이 좋아도 환경에 따라 바보가 될 수도 있다.

호아킴 데 포사다Joachim de Posada와 레이먼드 조Raymond Joe가 쓴 『바보 빅터』를 보면, 말과 행동이 느려서 종종 놀림을 당하거나 어른들에게 혼이 나는 바보 빅터가 나온다. 빅터는 학교에서 받은 아이큐 검사 결과가 73이라는 것이 아이들에게 알려지면서, 아이들과 심지어 선생님들에게도 놀림과 괴롭힘을 당했다. 빅터는 자신의 아이큐가 73이 아니라 사실은 173이라는 사실을 알게 될 때까지 17년 동안 자신을 바보로 여기며 살았다. 사실이 밝혀지면서 바보가 아닌 천재가 된 빅터는 그 후 발명가, 컨설턴트, 멘사 회장 자리까지 맡게 된다. 이처럼 진짜 천재도 스스로를 바보로 여기고 살았을 만큼 주변 환경이 주는 영향은 매우 크다.

그런데도 아직까지 우리 현실에서 많은 이들이 부당한 처우를 받으며 파토에 시달리고, 버티지 못하면 개인을 약하고 부족한 것으로 치부한다. 이는 '개인의 잘못'이 아니라 그러한 환경이라면 시간의 차이가 있을 뿐 결국 누구라도 몸과 마음에 병이 올 수밖에 없는 상황이다.

이처럼 환경적 요인으로 인한 증상이라면, 그 상황에서 받은 스트레스의 정도가 심각하지 않다는 전제하에, 그 상황에서 벗어나 충분히 쉬면서 격려 받는 것만으로도 좋아진다. 단, 환경적 스트레스로 인해 질병으로까지 발전한 경우라면, 질병에 대한 치료를 해야 한다.

성격적 요인

증상의 원인이 환경만의 탓은 아니다. 교통사고를 당한 모든 사람들이 차를 무서워하거나 운전을 무서워하지 않는 것처럼, 가정 폭력을 경험한 모든 사람들이 그 상처를 극복하지 못하고 힘들게 살진 않는 것에서도 그 사실을 발견할 수 있다.

"넌 왜 이렇게 유별나? 엄마는, 형은 괜찮았겠어? 그래도 너만큼은 아니거든! 넌 왜 이렇게 예민한 건데?"

외향적이고 모험심이 강한 형과 달리 경준 씨는 내향적이고 겁이 많았다. 자전거 타는 법을 배울 때도 형제의 태도는 달랐다. 형은 자전거를 빨리 타고 싶은 마음에 헬멧과 무릎보호대도 하지 않은 채 자전거에 올라타다 넘어졌다. 물론 울지도 않고 툴툴 털고 일어나 신나게 자전거를 탔다. 하지만 경준 씨는 보호대를 다 하고도 쭈뼛거리면서 형처럼 넘어질까 봐 두려워했다. 이렇게 성격이 다른 두 사람이 교통사고를 겪는다면, 그 반응이 같을 수 있을까?

동일한 스트레스 환경 속에서 살고 있어도, 모든 사람들이 동일하게 반응하지 않는다. 같은 일에도 좀 더 쉽게 화를 내는 사람이 있는가 하면, 더 쉽게 불안해하는 사람도 있고, 아무렇지 않다는 듯이 반응하는 사람도 있다.

성격이 털털한 사람들은 감정적으로 쉽게 반응하는 사람들을 이해하기 어렵다. 그들은 설령 자신이 실수를 하든, 다른 이들이 실수를 하든, 해결만 잘 되면 아무 문제없다. '좋은 게 좋은 거지, 어차피 해결되었는데 넘어가자.'는 태도를 취한다. 하지만 완벽함을 추구하는 성격의 사람이라면 어떨까? 남들이 생각할 땐 중요하지 않은 것들도 수정하고 개선하려고 든다. 게다가 작은 실수에 대해서도 크게 반응하고 때로는 지나치게 수치스러워하기도 한다.

사람들과 어울려야 즐겁고 스트레스가 풀리는 사람이 있는가 하면, 혼자 있는 시간이 있어야 스트레스가 풀리고 편한 사람이 있다. 이처럼 세상에는 성격의 차이만큼 스트레스를 받는 이유도 다르고, 스트레스 상황에서 느끼는 감정들도 다르다.

개인의 경험, 트라우마

고무줄을 늘이면 탄성 범위 안에서는 원래의 탄력성을 회복한다. 하지만 더 강하게 힘을 주어 늘어뜨리면 고무줄은 탄력성을 잃거나 끊어진다. 트라우마trauma를 겪는다는 것은 원래의 상태로 돌아갈 수 없는, 끊어지기 직전의 상태나 끊어진 상태이다. 시간이 흘러도 끊어진 고무줄은 붙을 수 없는 것처럼 트라우마의 흔적 역시 마찬가지다.

트라우마를 경험한 사람들은 그렇지 않은 사람들에 비해, 특정 스트레스에 대한 반응도가 강하고 극렬하다. 트라우마는 '이성과 감정'의 단계를 넘어 '생존'과 관련된 본능적 두려움을 자극하기 때문이다.

A씨는 결벽증이 있는데, 특히 화장실만 가면 세균들에 감염이 되지 않을까, 혹시나 오물들이 자신에게 묻지 않을까, 더럽지 않을까 등 불안감이 더 커졌다. 그녀의 결벽증은 점점 심각해져서 생활 자체가 어려울 지경이었다. 그 심리적 원인을 찾아보니, 6살 때 화장실에서 그녀의 할아버지가 그녀에게 성추행을 한 것이 영향을 끼쳤다.

성적 트라우마로 인한 결벽증과 청결을 강조한 부모님 밑에서 성장한 사람들의 결벽증 치료 예후가 같을 수 있을까? 전문가가 아니라 할지라도, 전자의 치료가 더 어려울 것임을 알 수 있다.

이와 같이 트라우마를 겪은 결과로 신체적 또는 심리적 증상을 갖게 되는 경우에는 설령 같은 허리 통증이라 할지라도, 혹은 불안장애라 할지라도 일반적인 경우보다 훨씬 더 치료 시간이 길다. 대개 심신의 병에는 일반적인 평균 치료 기간이라는 것이 있는데, 치료 기간이 일반적일 때보다 더 긴 경우에는 심리적 이유, 특히 트라우마의 유무를 고려해보아야 한다.

나를 지지하고 응원하는 내 편

그날 선생님은 분명 이상했다. 아무리 민지가 소위 노는 아이라고 하지만, 그날의 민지는 복장이 딱히 불량하거나 문제가 되는 행동을 하지 않았다. 선생님은 무엇이 그렇게 마음에 들지 않았는지, 복장 불량을 이유로 민지를 발로 차고 때렸다.

평소 같으면 학교에서의 일을 엄마에게 말도 안 했겠지만, 억울하고 속상한 마음에 민지는 집에 돌아가 엄마에게 "담임이 제정신이 아닌 것 같다."고 말을 했다. 당연히 엄마니까 자신의 편을 들어줄 것이라고 믿었다. 하지만 "도대체 행동거지가 어땠길래 선생님이 저러셔?"라는 차가운 비난만이 돌아왔다.

좋지 않은 일이 일어나지 않는다면 제일 좋겠지만, 혹시나 일어난다 할지라도 어떻게 대처하는지에 따라 마음의 흉터는 남기도 하고 흔적 없이 괜찮아지기도 한다.

"차라리 제가 고아였으면 좋겠어요!"

"황량한 사막에 혼자 덩그러니 버려진 것 같아요."

1차 가해자에게 받은 상처보다, 자신이 믿고 사랑하는 가족들이 자신의 아픔을 믿어주지 않고 외면할 때, 사람들은 더 큰 2차 상처를 받는다. 그리고 그때 생각보다 많은 사람들이 앞선 표현을 한다. 믿고 사랑하는 만큼 더 큰 상처를 받는 것이다.

　이러한 상처들이 반복되면, 사람들은 점점 더 무기력해지고 우울해진다. 실로 이러한 현상을 바탕으로 마틴 셀리그먼Martin Seligman은 피할 수 없는 힘든 상황을 반복적으로 겪게 되면, 결국 아무런 시도도 하지 않고 포기하게 되는 '학습된 무기력 이론'을 만들었다. 하지만 어려운 환경 또는 트라우마를 겪은 사람들 중에서도 아픔을 딛고 성공을 하는 사람도 분명 존재한다. 아이러니하게도, 학습된 무기력 이론을 만든 마틴 셀리그만은 훗날 무기력해지는 반응 외에도 어려운 상황에서도 극복하는 이들의 존재를 발견함으로써 긍정 심리학을 만든다. 어려움을 극복한 이들이 공통적으로 이야기하는 바가 있었는데, 바로 '내 편'의 존재였다. 그만큼 믿고 사랑하는 내 편의 존재는 상처를 극복하고 살아가는 데 아주 중요하다.

　1950년대 하와이의 카우아이 섬으로 가보자. 그 당시의 카우아이 섬에 살고 있던 원주민들의 삶은 외세의 지배를 받으면서 황폐해진다. 일제 식민지의 우리나라처럼, 이곳 원주민의 삶들도 더욱 더 가난해지고 피폐해졌으며, 알코올에 빠져 사는 사람들의 수마저 늘어났다. 이런 상황에서 아이들이 어떻게 적절한 부모의 보살핌을 받고 자랄 수 있겠는가. 당연히 학대, 방치된 경우가 많았다.

미국의 발달 심리학자 에미 워너Emmy Werner는 40년에 걸쳐 이 섬의 아이들에 대한 연구를 실시했다. 연구에 따르면, 카우아이 섬의 아이들은 모두 트라우마를 겪었지만 모두가 동일한 삶을 살지 않았다. 물론 201명의 아이들 중 129명은 자신의 부모와 같이 알코올, 폭력, 마약 등에 빠져 힘든 삶을 살았다. 하지만 나머지 1/3, 즉 72명의 아이들은 동일한 상황에서 성장했음에도 불구하고 문제 행동 하나 없이 사회에 모범적으로 잘 적응하고 살고 있었다. 그리고 전자의 아이들과 달리 후자에게는 그들을 진심으로 믿어주고 사랑으로 대해 준 지지자들이 있었다. 그들의 존재 덕분에 후자의 아이들은 부모 시대의 아픔을 대물림하지 않을 수 있게 되었다.

상처받고 싶지 않다고 해서, 그럴 수 있는 사람은 없다. 문제는 상처가 아니라, 상처가 난 후의 대처.

"그 당시엔 집안 사정도 안 좋고, 매일 엄마 아빠가 한숨을 쉬시고 힘들어 하셨어요. 그런데 어떻게 학교에서 왕따를 당한다는 이야기까지 해요?"

"저희 엄마는 어렸을 때부터 늘 제가 잘못했다고 하셨는걸요. 친구가 내 핀을 빼앗아가도 '왜 아무 말도 못했냐'고 저를 혼내셨어요. 제가 친구 관계가 힘들다는 걸 말해봤자, 결국 혼만 났을 거예요."

생각보다 많은 사람들이 성장 과정 속에서 어려움을 겪을 때 도움을 받지 못하는 경우가 많다. 그리고 그 기저에는 부모님이 걱정할까 봐, 반대로 혼이 날까봐, 아니면 이야기를 해봤자 소용이 없을 것 같아서 등 다양한 이유가 있다. 이러한 상처를 지닌 많은 이들이 상담 과정에서 이런 말을 할 때가 있다.

"그때 이렇게 제 상처를 말하면 공감해줄 수 있는 사람이 단 한 사람이라도 있었더라면, 제 삶이 달라지지 않았을까요?"

치료 교육학자 모니카 슈만이 "믿어주고 사랑해주는 사람이 단 한 사람만 곁에 있어도 대부분의 부정적인 요소들이 상쇄된다."라고 말한 것은 괜한 말이 아니다. 우리가 가지고 있는 어떤 상처들은 대단히 특별한 것이 아니라, 그때 바로 그 순간 누군가의 위로 한 마디에 치유가 될 수 있었던 상처였을지도 모른다. 하지만 적절한 때를 놓치자 작은 상처는 곪고 곪아 더 큰 상처가 되었을지도 모른다. 심지어 어린 시절부터 지금까지도 지지해주는 이가 없을 때, 그 상처의 깊이는 생각보다 더 깊을 수 있다.

많은 이들이 "전 이미 어른이고, 편 같은 것은 어린 애나 필요한 거예요."라고 말을 한다. 어른은 모든 것에 독립적이고, 정서적 지지가 전혀 필요하지 않는 존재로 착각하는 것이다. 어른들도 지지와 위로가 필요하다. 그리고 그것이 부족할 때, 우리는 자신도 모르게 위축되고 누군가의 눈치를 보거나 불안해진다. 나이와 무관하게 '내 편'은 정신적으로 안정적인 삶에 중요하고 필요하다.

'난 언제나 네 편이야'

나이와 무관하게 '내 편'은 정신적으로 안정적인 삶에 중요하고 필요하다.

그 외 요소들

이 외에도 모든 사람들에게 동일하게 주어지는 '시간' 자체도 우리에게 독이 되기도 한다.

대입, 취직, 결혼, 출산 등 특정 적령기가 있다고 여기는 사람들 중, 나이에 맞는 역할을 지금 제대로 하지 못하고 있다고 여긴다면, 째깍째깍 흘러가는 시간 그 자체가 개인에게 불안과 조급함을 가져온다.

어떤 이들은 갱년기와 같이 그 나이에 맞는 문제로 인해 몸과 마음의 병이 생기기도 하고, 어떤 이들은 만성적인 통증과 같은 질병으로 인해 마음의 병까지 생기기도 한다. 어떤 이들은 잘못된 식생활과 수면 패턴으로 인해 건강이 나빠져 병에 걸리기도 한다.

마음의 병은 앞서 이야기한 것처럼 다양한 요소로 생기며, 때로는 한 가지 요소로 인해, 혹은 복합적인 요소로 발생한다.

'여러 번 다짐해도……'
감정은 의지의 문제가 아니다

많은 사람들이 감정의 문제를 의지의 문제로 생각한다. 자신의 의
지대로 매순간 화를 내고 싶은 사람, 우울해지고 싶은 사람, 불안해
하고 싶은 사람이 어디 있을까? 몸이 아픈 것은 어쩔 수 없는 것이지
만, 왜 마음이 아픈 것은 '의지 박약'의 문제가 되는 걸까? 심지어 마
음의 병을 앓았던 사람들도 그런 말을 할 때가 있다. "너만 힘들어 봤
어? 나도 발표할 때 불안했지! 하지만 다 극복했거든! 네가 의지가
약해서 그런 거야!" 이런 말을 들으면, "그래, 너 잘났다!"라고 말해
주고 싶을 만큼, 서운하다 못해 화가 난다. 상담을 통해 만난 준수 씨
도 비슷한 상황을 겪고 있었다.

"고객을 만나러 가기 전, 저는 마음으로 여러 번 다짐해요! 이번에
는 잘 해야지! 긴장하지 말아야지!" 그러나 준수 씨의 그런 다짐은

고객의 모습이 보이는 순간부터 무너지고 만다. 심장은 미친 듯이 뛰고, 식은땀은 줄줄 흐른다. 그는 심호흡을 해보기도 하고, '잘 할 수 있을 거야.'라고 긍정적인 말들을 되뇌기도 했지만, 결국 불안한 감정에 굴복하고 만다. 그런 준수 씨를 보며 매니저는 "도대체 정신 상태가 썩어빠졌어! 어떻게 고객 앞에서 그런 말도 안 되는 실수를 해! 너 제정신이야?"라고 몰아세우기 일쑤다. 준수 씨는 제 의지대로 행동하지 못하는, 의지가 박약한 사람으로 평가 받는다.

'심장아 뛰지 말고 멈춰!'나 '몸아 긴장하지 말자.'고 의식적으로 생각하면 긴장이 사라지고, 심장이 뛰지 않을까? 물론 경미한 긴장과 불안은 의지를 통해 조절되는 것처럼 보인다. 그렇다면 그 반대로 너무나 지루하고 심심한 주말 오후에 '재밌어져라!'고 되뇌면, 갑자기 없던 즐거움도 생겨야 하지 않을까? 그러나 현실적으로 불가능한 이유는 이것이 의식이 아닌 무의식의 문제이기 때문이다.

과학자들의 연구에 따르면, 의사결정, 행동, 감정은 무의식의 영향을 더 많이 받는다. 의식이 우리의 인지 작용에 미치는 영향력은 전체의 5%에 지나지 않으니, 아무리 이성적인 사람이라 할지라도 본능과 무의식에 영향을 더 받을 수밖에 없다. 모든 생명체에게는 이성보다 본능, 생명 유지가 더 중요하기 때문이다.

특히 어린 시절에 강도 높은 충격을 겪었거나, 트라우마가 있는 사람이라면 더욱더 감정을 쉽게 조절하지 못한다. 후에 트라우마에 대한 부분에서 더 자세히 설명하겠지만, 트라우마를 경험한 사람들은

많은 사람들이 감정의 문제를 의지의 문제로 생각한다. 그러나 과학자들의 연구에 따르면, 의사결정, 행동, 감정은 무의식의 영향을 더 많이 받는다.

생일 케이크의 촛불을 보고도, 자신이 죽을 뻔 했던 화재 현장을 떠올린다. 산사태로 인해 가족을 잃은 사람이 산에 올라가는 것을 두려워한다고, 그 사람에게 "넌 의지가 약해!"라고 말할 순 없을 것이다. 다들 자신만의 상처를 안고 살아가고, 그로 인해 특정 감정을 조절하기 어려울 때가 생긴다.

조직 행동론 전문가로 유명한 댄 히스Dan Heath, 칩 히스Chip Heath 형제는 저서 『스위치Switch』에서 무의식을 코끼리에, 의식을 기수에 비유한다. 기수는 힘으로 코끼리를 이길 순 없지만, 코끼리를 잘 길들이면 원하는 방향으로 데려갈 순 있다. 의식을 최대한 활용해서 무의식을 우리에게 유리한 방향으로 길들일 수는 있어도, 의지만으로 좌지우지할 수 없다는 말이다.

2

마음은
기억과
감정을
오가며
자란다

다른 사람은 모르고 나만 안다, 기억의 주관성

　사례1. A씨는 2주 째 기침을 심하게 하고, 고열에 시달렸다. 출근하기 힘들 정도였다. 약을 먹고 시간이 지나도 차도가 없자, 주변 사람들은 폐렴에 걸리는 것 아니냐며 걱정하기 시작했다. A씨는 '병가를 낼까' 여러 번 고민했지만, 병가 기간에는 월급을 받을 수 없다는 사실에 주저했다. 그러던 어느 날 회사로부터 '월말까지 쉬라'는 권유를 받았다. 단, 사직서를 쓰고 쉬었다가 다음 달 초부터 다시 출근하라는 조건이 붙었다. A씨에게 줄 월급을 아끼고, 쉬는 동안 A씨 몫의 4대 보험료가 새어 나가는 걸 막기 위해서였다.

　사례2. 아버지가 사람들 앞에서 나를 칭찬했다. "우리 딸이 이번에 명문대에 입학했답니다."

두 사례 중 나쁜 기억을 꼽으라면 무엇을 고르겠는가?

많은 사람들이 A씨의 사례를 꼽을 것이다. 그러나 사실은 우리의 생각과 다르다. A씨는 "잘 된 거 있죠? 마음 편히 이직해도 될 것 같아요."라고 말했고, 사례2의 '나'는 "역겨워요. 이중인격자 같아요! 집에선 그렇게 비난하고 혼내기만 하고. 집에 제대로 들어온 적도 없으면서 내가 좋은 대학에 입학한 것을 어떻게 자기 덕인 것처럼 말하죠?"라고 말했다.

각 사건이 겉보기와는 전혀 다른 성격을 가지는 이유는 기억의 '주관성' 때문이다. 사건의 당사자들은 이야기 자체로 상황을 판단하지 않는다. 그 상황이 자신에게 어떤 의미를 갖느냐에 따라 '좋고 나쁨'으로 판단한다. 주어진 상황을 개인이 어떻게 생각하고 받아들이는지에 따라 '나쁜 기억'이 되기도 하고 '좋은 기억'이 되기도 한다.

"생일을 깜빡할 수 있지, 뭘 그런 일 가지고 이렇게 오랫동안 꽁해 있어?"

어린 시절 지호 씨는 친구 관계가 원만하지 못했다. 친구를 사귀고 관계를 유지하는 일이 어려웠던 만큼 혼자 외롭게 보낸 생일도 많았다. 그래서 지호 씨는 생일을 중요하게 여긴다. 주변 사람들이 지호 씨의 생일을 그냥 지나치면 자신도 모르게 속상한 마음을 드러낸다.

사람들은 자신의 기준에서 타인의 감정을 판단한다. 자신에게는 특별하지 않을 수 있지만, 타인은 그 일을 아주 중요하게 여긴다는

나쁜 기억은 주관적이다. 나쁜 기억의 여부를 결정하는 것은 바로 '나 자신'이다.

사실을 모른다. 다른 사람의 사연을 일일이 들여다볼 수 없으니, 타인의 마음을 모두 이해하지 못하는 것은 당연한 일이다. 그러나 문제는 '다름을 틀림으로 인식하고 비난의 메시지를 보낼 때'이다.

정 양은 남동생과 일곱 살 터울이다. 어린 시절부터 정 양은 늘 사랑이 고팠다. 어머니가 정 양에게 딱히 못해준 것이 없지만, 늦둥이 동생을 더 많이 챙겨주곤 했다. 고등학교 2학년이 어느 봄날도 그랬다. 저녁 식사로 피자를 시켜 먹는데, 어머니는 마지막 한 조각을 동생 그릇 앞에 놓았다.

"엄마, 나는?"

"그러다 돼지 되려고? 그리고 네가 누나잖아! 동생에게 이거 하나 양보 못해? 다음에 먹어!"

사춘기를 겪고 있던 정 양은 어머니의 사랑을 동생에게 빼앗긴 것 같은 상실감과 서러움을 한꺼번에 느꼈다. 속상하지만 누군가에게 하소연할 수도 없었다. 겨우 피자 한 조각 때문이라고 생각했기 때문이다.

많은 사람들이 속상한 마음을 그저 묻어둔다. 자신의 감정을 충분히 느끼고 해소하기는커녕 타인의 눈치를 본다. '지금 내가 이런 감정을 느껴도 괜찮을까?', '지금 내 나이가 몇 살인데, 이런 사소한 일에 이렇게 서운해 하면, 내가 너무 속 좁은 사람이 되는 건 아닐까?', '소심하거나 부족한 사람으로 인식되진 않을까?', '이렇게 말했다가 미움을 받지는 않을까?' 등을 고민하며 자신을 더욱 괴롭힌다.

성 양도 마찬가지였다. 사람들이 자신을 소심하게 생각하고 싫어할까 봐 눈치 보며, 최대한 부정적인 감정을 숨겼다. 그 결과 작은 생채기들이 모여 더 크고 깊은 상처가 되었고, 정 양은 20대 후반에 우울증을 진단받았다.

'특별한 큰일'이 있어야만 마음의 병이 생기는 것은 아니다. 특별한 일이 있었냐고 물어보면 대답하기 어렵지만, 서서히 마음의 병이 찾아오는 경우도 많다. 정 양은 그러한 경우에 해당한다. 비교당한다고 여기고, 사랑받지 못한다고 여겼던 마음들이 모여 마음에 깊은 슬픔이 찾아왔던 것이다. 정 양은 우울증 진단 후 10년이 지난 후에야 자신의 감정이 잘못된 것이 아님을 깨닫고, 그 감정들을 EFT 기법으로 풀어주면서 마음을 치유할 수 있었다.

"그러고 보니, 엄마가 동생 몰래 저만 챙겨주셨던 것들도 많았네요. 왜 그것을 잊고 있었을까요?"

좋은 기억과 나쁜 기억의 기준은 '남들의 시선, 상식'이 아니라, 한 개인이 이를 어떻게 받아들이느냐이다. 평안 감사도 저 싫으면 그만이라는 말이 왜 있겠는가?

생각보다 많은 사람들이 '타인의 판단과 시선'에 대한 두려움으로 주관성에 대한 특성을 외면하고, '내가 예민한가 봐, 내가 이상한거지?'라고 생각하며 자책하곤 한다. 하지만 우리의 마음은 '자신의 입장'에서 상황을 해석한다는 점을 기억하자. 이 사실은 우리 기억과 감정의 특성이기도 하지만, 치유의 과정에서도 중요한 첫걸음이 된다.

그때그때 달라요,
기억의 편향성

똑같은 실수를 해도, A씨와 B씨의 상황은 다르다.

이것이 불공평해 보이겠지만, 사실이기도 하다. 인간은 원래 공명정대하게 세상을 인식하지 않는다. 알게 모르게 편파적으로 판단하며 살아간다. 인간의 뇌가 그렇게 세상을 인식하고 반응한다. 저마다자신의 내면에 있는 안경을 쓰고 세상을 바라보는 것이 인간의 특성이라는 말이다.

심지어 같은 대상, 같은 일에 대해서도 현재 자신이 처한 상황에따라 다르게 평가한다.

영화 〈타이타닉〉은 가난한 화가 잭(레오나르도 디카프리오)이 부두의 선술집에서 도박으로 타이타닉 호 티켓을 얻어 승선하는 것으로 시작한다. 이 영화를 주인공 입장에서 보는 것이 아니라, 도박에서 잭에게 티켓을 빼앗긴 엑스트라의 입장에서 재해석해보자.

도박에서 티켓을 빼앗겼을 때, 그의 기분은 어땠을까? 분명 억울하고 속상했을 것이다. 자신은 운도 지지리 없는 사람이라고 한탄했을지도 모른다. 하지만 타이타닉 호가 침몰했다는 것을 알았을 때, 그의 기분은 어땠을까? 자신의 운이 아주 좋다고 생각할 것이다.

도박에 져서 티켓을 빼앗겼던 사건은 변하지 않는다. 그러나 같은 기억이라 할지라도, 이와 같이 그 기억을 회상하는 상황과 시기에 따라 나쁜 기억도 오히려 좋은 계기와 기억이 되기도 한다. '포기하지 않는 한 실패란 없다.'라는 말 역시도 주어진 상황을 긍정적으로 승화시킬 수 있는 표현이 아닐까? 이러한 기억의 특성이 바로 '편향'이다.

하지만 편향은 대개 부정적인 방식으로 우리에게 그 모습을 더 잘 드러내곤 한다.

"다 의도되었던 거였어요. 왜 그걸 처음부터 몰라봤는지! 처음엔 그 사람이 저에게 정말로 친절했어요." 믿었던 사람에게 배신을 당했다고 느낀 순간, 그동안 그 사람의 장점이라고 여겼던 부분들은 모두 '조작된, 계획된' 행동으로 여겨지는 경우가 많다.

"정말 죽고 싶었어요! 하지만 그 사람이 다음날 제게 무릎 꿇고 비는 걸 어떡해요? 미안하다고, 사랑한다고 말하는 걸요! 저 딱한 사람, 저 상처 많은 사람! 내가 아니면 누가 저 사람 곁에 있어 주겠어요? 우리 아이는 또 어쩌고요?"

이렇게 말한 주인공은 가정 폭력에 시달리며 매번 높은 수준의 위협에 노출되고 있었다. 그럼에도 불구하고 문제를 해결하기 위해 마음을 먹기까지 15년이나 걸렸다. 문제가 있다는 사실은 예전부터 잘 알고 있었다. 그러나 남편은 폭력을 저지른 후에 늘 진심을 담아 사과하고 사랑한다고 말했다. 이런 남편의 모습은 사랑이 무엇인지 모르고 사랑에 굶주려왔던 그녀에게 너무나 소중했다. 사랑받고 있다고 느끼는 그 순간들을 놓치기 싫은 좋은 기억으로 삼고 있었다. 지속적인 폭력을 당했지만, 그때의 기억이 매번 그녀의 발목을 잡았다. '그래도 세상에서 나를 사랑하는 사람은 우리 남편밖에 더 있어? 표현이 거칠어서 그렇지, 그 사람의 나에 대한 마음은 진심이야.'

15년이 지나 몸과 마음이 만신창이가 된 후에야, 자신의 삶에서 가장 중요하다고 여긴 대상과 순간이 사실은 자신을 이렇게 살게 한 최악의 순간임을 알아차리고 크게 후회했다.

이와는 반대로 매우 진실한 사랑을 듬뿍 받았으나, 기억의 편향성으로 인해 좋은 기억을 최악의 순간으로 만드는 사례도 있다.

자식이 귀한 집인 데다 몸이 약했던 K씨는 어린 시절 어른들의 관심과 사랑을 듬뿍 받았다. 어린 시절부터 제 손으로 무언가를 해본 적이 없을 정도였다. 조금만 힘들거나 위험한 일은 조부모님과 부모님이 K씨를 대신하여 해주었다. 경제적으로도 넉넉한 편인지라 원하는 것도 어려움 없이 가질 수 있었다. 남들이 보기에도 고생이라는 것은 해본 적도 없이 귀하게 자랐다.

K씨가 20대가 되자 이전에는 볼 수 없었던 문제가 드러났다. 부모님은 성인이 된 K씨가 자신의 일을 스스로 해낼 수 있을 것이라 생각했다. 하지만 자신 스스로 선택하고 결정해본 적 없는 K씨에게 갑작스러운 홀로서기는 공포와 압박감을 주었다. 수강 신청조차 혼자 하지 못했던 K씨에게 학점 관리, 취업 준비는 너무나도 버거웠다. 자신과는 다르게 심지어 배낭여행 계획조차 척척 해내는 친구들을 보며 K씨는 처음으로 자신을 위해 모든 것을 다 해주셨던 부모님과 조부모님을 원망했다.

내 인생 잠깐 좋으면 뭘해?
결국 이렇게 형편없을 것을······.

힘들었지만 그 덕분에
지금의 내가 될 수 있었지.

같은 기억이라 할지라도 그 기억을 회상하는 상황과 시기에 따라 나쁜 기억도 좋은 계기와 기억이 되기도 한다.

기억의 편향성과 관련하여 한 가지 다행인 것은 삶이 끝나지 않았다면 우리에게는 아직 우리의 삶을 긍정적으로 재해석할 수 있는 기회가 남아있다는 점이다. '내 인생, 잠깐 좋으면 뭐해? 결국 다 이렇게 형편없이 될 것을……', '힘들었지만, 그 덕분에 지금의 내가 될 수 있었지!' 어느 쪽이 될지는 개인의 선택일 것이다.

나쁜 기억은 나쁜 기억을 부른다, 기억의 지속성

누구에게나 지우고 싶은 기억이 있다. 나이가 많으면 많을수록 아픈 기억도 더 많기 마련이다. 한 가지 주목할 것은 과거의 아픈 기억들이 현재의 우리를 더 아프게 만든다는 사실이다. 그리스의 철학자 헤라클레이토스는 '한번 흘러간 강물은 다시 되돌아오지 않는다.'고 말했다. 지나간 과거도 강물과 같다면 좋겠지만, 아픔은 과거로 끝나지 않을 때가 많다. 그 상처가 잊히지 않을 때, 나아가 그 상황이 계속되거나, 혹은 그 일로 인해 상황들이 더 악화되었을 때 사람들의 아픔은 더욱더 깊어져만 간다.

예를 들어 시험 불안으로 인해 지나치게 긴장을 했던 재수생이 시험 불안을 극복하지 못해 삼수를 하게 되었다거나, 바이어 앞에서 큰 실수를 하여 수억짜리 프로젝트의 기회를 날리고 회사에서 해고 되었다면, 그 기억들을 쉽게 잊을 수 없을 것이다.

사람들은 대개 '그때 긴장을 하지 않고 잘 했더라면…', '그때 실수를 하지 않았다면…' 등과 같은 생각들을 하며 그때를 후회하곤 한다. 이처럼 '그 당시에 이렇게 했으면 좋았을 텐데' 하는 생각과 같이 그 당시에 했으면 좋았을 법한 대안을 반복적으로 생각하는 것을 '반사실적 사고Counterfactual Thinking'라고 한다. 이 용어가 낯설게 느껴질 순 있지만, 실제로 많은 사람들에게 아주 익숙한 사고방식이다. 이 사고방식의 문제는 과거에 자신이 했던 행동을 후회하고 자책함으로써 끊임없이 그 기억을 떠올린다는 점이다. 어떤 사람들은 이 과정을 자신이 성장하는 계기로 삼지만, 과거에 사로잡혀 오히려 현재 해야 할 것들을 하지 못하는 사람도 많다. 완벽주의나 자기 비난 성향이 강한 사람들은 반사실적 사고에 빠져 헤어 나오지 못한다. 심한 경우 강박적 사고나 행동으로 이어지기도 한다.

이 외에도 사랑하는 사람과의 이별과 같은 깊은 상실을 경험하게 되면, 거의 모든 사람이 반사실적 사고를 경험하게 된다.

한 예로, 우울증을 진단받은 중학생 아이가 있었다. 그 아이의 친구는 최근 성적에 대한 압박감으로 인해 자살을 했다고 한다. OECD 국가 중 청소년 자살률 1위 국가인 대한민국에서 이와 같은 안타까운 소식은 그렇게 드문 경우는 아니지만, 한 아이의 자살은 주변 아이들까지도 우울증과 무기력증에 빠지기 쉬운 상태로 만들기 때문에 더 큰 문제가 된다. 또한 "선생님! 그 친구는 그날도 저랑 만났어요. 얼굴빛이 안 좋았는데, 그때 제가 학원만 안 가고 곁에 있어 줬더라면… 제 곁을 떠나지 않았겠죠?"라며 반사실적 사고를 반복하기도 한다.

부모님이 병환으로 돌아가시고 나면, 많은 자식들이 "살아 계실 때, 조금만 더 잘 해드릴걸.", "아프다고 하실 때, 병원이라도 모셔가고, 한번이라도 더 뵈러 갈 것을……."이라며 후회를 하는 것처럼, 남녀노소를 불문하고 많은 사람들이 죽음으로 인한 반사실적 사고에 쉽게 빠진다.

반사실적 사고는 단순한 후회를 넘어 죄책감과 자괴감으로 스스로를 더 깊은 절망과 우울의 늪으로 빠뜨린다. 이별과 상실은 한번만 경험해도 힘든 일인데, 이를 반복해서 떠올리게 되면 그 일을 여러 차례 겪는 것과 같은 효과가 일어난다. 레몬을 생생하게 상상하면 혀에 침이 고이는 것처럼, 우리 뇌는 생생한 상상과 현실을 구분하지 못하기 때문이다. 시간이 지날수록 반복되는 재현으로 인해 우울과 절망, 자괴감, 죄책감 등이 더 커질 수 있다는 점에서 기억의 지속성은 다른 특성보다 더 무서운 것이 아닐까 싶다.

내 일은 아니지만 나도 아프다,
공감 고통

"제가 직접적으로 맞거나 혼난 적은 없어요. 막내라고 부모님이 많이 예뻐해 주셨거든요."

사소한 일을 앞두고도 많이 불안해하는 지훈 씨에게 불안감을 느낄만한 과거의 경험들이 있었냐고 물어보니 나온 대답이다.

"그럼 혹시 가족 구성원들 중 누군가가 언어적, 신체적 폭력을 경험하는 것을 본 적은 없나요? 다른 사람들이어도 무관합니다."

그제야 지훈 씨는 부부싸움을 하는 동안 아빠가 엄마에게 언어 및 신체적 폭력을 가한 것을 본 적 있다고 말했다. 그 싸움의 시작은 가벼운 말다툼이었다. 하지만 술에 취한 아빠는 순간적으로 감정을 조절하지 못하면서 평소보다 더 심하게 엄마를 함부로 대했다. 물건을 던지고, 흉기를 들고 위협을 하는 아빠의 모습에 지훈 씨는 공포에 떨었다. 그때의 지훈 씨는 고작 초등학교 저학년생이었다.

"넌 도대체 왜 그러니? 너만은 최선을 다해 보호하며 키웠는데……."라는 이야기를 듣고 자라왔던 지훈 씨는 자신이 왜 불안한지 몰랐다. 가족들 말대로 '너무 소심해서 그런가?', '내가 예민해서 그런가?'라는 생각만 할 뿐이었다.

학교 폭력에 시달린 친구를 보기만 하고 도와주지 못하는 것도 충격과 자책감이 크지만, 가정을 지키고 보호해야 할 대상이 자신을 사랑하는 이에게 폭력을 행사하는 것을 봤을 때 느끼는 충격은 훨씬 더 크다. 실제로 물리적인 고통을 겪진 않았지만, 심리적으로 감정 조절에 어려움을 느끼는 사람들을 볼 수 있다. 이들이 느끼는 고통을 '공감 고통'이라고 한다.

공감 고통과 관련된 실험이 있다. 상자 안에 칸막이를 설치하고 각 칸에 쥐 한 마리씩을 놓았다. 한 마리는 실험 대상이고 다른 한 마리는 그 실험 대상을 보는 관찰자였다. 실험 대상인 쥐에게 전기 충격을 주자 해당 쥐는 깜짝 놀랐다. 동시에 이 모습을 보고 있던 관찰자 쥐도 덩달아 놀랐다. 다음 날 실험 대상인 쥐 없이 관찰자 쥐만을 실험 상자 안에 넣자, 관찰자 쥐는 공포를 느끼며 얼어붙었다. 어제 전기 충격에 고통을 받은 실험 대상 쥐를 기억했기 때문이다.

요즘과는 달리 학교에서 선생님의 체벌이 용인되던 때가 있었다. 소위 모범생인 아이들은 자신은 체벌을 받지 않는다는 것을 잘 알고 있었다. 그러나 친구들이 체벌 받는 모습을 보고 난 후, 체벌을 가한 선생님을 무서워하거나 긴장하곤 했다. 앞선 실험의 관찰자 쥐처럼 과거의 기억을 통해 고통을 공감했기 때문에 일어난 현상이다.

공감 고통은 고통을 받는 대상이 자신과 가까울수록 더 커진다. 다시 쥐 실험으로 돌아가자. 연구자들은 여러 관계의 쥐를 실험 대상으로 설정하고 실험을 진행한 결과, 형제나 짝인 쥐가 고통을 받을 때 관찰자 쥐가 더욱 불안해하는 것을 발견했다.

대개 사람들은 자신이 직접 경험하지 않은 일로 고통 받는 것에 대해 잘 이해하지 못한다. 공감 고통이 불안과 분노 등의 실제 원인이 될 수 있음에도, 사람들이 이를 쉽게 자각하지 못하는 이유다. 그러나 만약 불안과 분노 등 특별한 원인이 없는데도 이러한 감정에 힘들어한다면, 사랑하는 누군가의 아픔이 자신에게 전해진 것은 아닌지를 생각해볼 필요가 있다.

지금 누구에게 두려움을 느끼고 있나?
감정의 전이

한 자동차 보험의 광고 내용이 인상적이다. 한 성인 남성이 운전을 하다가 사고가 나자 어린 아이로 변하여 울고, 그때 보험 회사에서 도움을 준다는 것이 주된 내용이다. 이 광고는 실제로 우리의 무의식에 대한 부분을 잘 표현했다. 사람들은 당황하고 놀란 순간 아이처럼 반응하는데, 실제로 우리는 스트레스를 받으면 평소와 다른 반응을 보일 때가 많다.

회사에서 중간 관리자급인 A씨는 붙임성이 있고 일도 잘하기로 유명했다. 단점이 있었다면 유달리 자신의 상사를 무서워한다는 것이었다. 최근 회사에 새로운 상사가 부임했는데, 생각지도 못한 일이 A씨에게 벌어졌다. 새로운 상사를 만나자마자 A씨의 얼굴과 몸이 굳어버린 것이다. 초면인 상사에게 왜 이런 반응을 보이는지 A씨도 도저히 이해할 수 없었다. 이러한 증상은 계속되어, 일을 하거나 동료들과 이야기를 나누는 동안에도 상사가 나타나면 심하게 놀라고 경직되었다. 주변 동료와 상사는 A씨를 이상하게 여기기 시작했다.

EFT 기법을 통해 A씨가 상사에게 느끼는 과도한 긴장과 불안의 원인을 찾고 이 문제를 해결하기로 했다. 상사에게서 느끼는 감정을 따라가 보니, A씨는 상사를 통해 다른 사람 바로 자신의 어머니를 보고 있었다.

A씨는 엄격한 어머니 슬하에서 자랐다. A씨가 초등학교 고학년 학생이던 어느 날, 어머니에게 거짓말을 하고 친구들과 밤늦게까지 놀다가 집에 들어왔다. A씨가 거짓말을 한 것을 알아챈 어머니는 그날 밤 A씨를 집 밖에 있는 창고에 가두었다. A씨는 울면서 잘못했다고 빌고 또 빌었지만, 어머니는 엄격했다. 결국 A씨는 그날 밤 두려움에 떨며 창고에서 홀로 밤을 지새워야 했다. 그 후 A씨는 어머니에게 거짓말을 하거나 어머니 말씀을 거역하지 않고 벌도 받지 않았지만, A씨에게 어머니는 늘 무서운 존재였다.

A씨가 성인이 되어 만난 상사는 그런 어머니의 목소리와 분위기가 많이 닮아 있었다. A씨 자신도 모르게 어머니에 대한 두려움이 상사에 대한 두려움으로 전이되어 두려움에 떨게 된 것이다. 다른 방어기제와 마찬가지로 전이 역시도 사람들이 쉽게 알아차리기 어렵다. 전이에서 벗어나기 위해서 A씨는 어머니에 대한 두려움을 먼저 EFT

어머니

상사

우리는 과거의 어떤 순간으로 타임머신을 타고 이동하기도 한다. 우리는 현재 내 앞에 있는 사람을 보고 있는 것이 아니라, 그와 닮은 과거의 누군가에게 느꼈던 감정을 느끼고 있다.

로 해소해야 했다. 머리로는 이미 알고 있었지만 두려움 때문에 자신도 모르게 움찔하고 긴장했던 증상이 그때서야 완화되고, A씨는 상사에 대한 두려움에서 벗어날 수 있었다.

이와 같이 현재 나이와 상관없이 특정한 스트레스를 받으면 어렸을 적 모습으로 돌아가 그때의 감정을 느낄 때가 있다. 어떤 대상에게 느꼈던 감정이 다른 대상으로 옮아가는 이 현상을 전이轉移라고 한다. 만약 특정한 상황에서 이유가 없이 불안함이나 분노 등을 느끼고 있다면, 자신도 모르게 이러한 방어기제가 발동한 경우이다. 그럴 땐 조용한 곳에서 심호흡을 하면서 마음을 고요하게 하고, 스스로에게 질문을 해보자. '이 사람을 떠올리면 어떤 감정 또는 반응이 느껴질까?', '과거에 이와 같은 감정이나 반응을 느끼게 한 사람이 있다면, 그 사람은 누구일까?'

그와 같은 순간 대개 우리는 과거의 어떤 순간으로 타임머신을 타고 이동한 경우가 많다. 우리는 현재 내 앞에 있는 사람을 보고 있는 것이 아니라, 그와 닮은 과거의 누군가에게 느꼈던 감정을 느끼고 있는 것이다.

이유 없이 당신이 싫은 이유,
감정의 투사

"쟤는 도대체 누굴 닮아서 저렇게 소심한 거야!"

형민 씨는 첫째 아들을 보면 화가 난다. 둘째인 딸은 활발하고 붙임성도 좋은데, 첫째인 아들은 사람들 앞에 나서는 것도 싫어하고 쭈뼛거린다. 그런 아들을 보면 짜증이 나고 화를 참을 수 없다. 아이 앞에서 싫은 티를 내면 아이가 더 위축된다고 아내는 말리지만, 눈에 보이기만 해도 마음에 들지 않는다.

형민 씨는 상담을 통해 어린 시절 자신의 모습을 기억해냈다. 그는 내향적이고 겁이 많은 자신을 늘 엄하게 대했던 아버지를 무서워했다. 큰소리를 내진 않았지만 마땅해하지 않는 어머니의 표정도 어린 형민 씨에게는 큰 상처가 되었다. 당시 어린 형민 씨가 정말 바랐던 것은 그냥 있는 그대로 자신을 인정해주는 것이었다.

아들을 못마땅하게 여겼던 형민 씨의 마음은 투사投射로 인한 것이다. 투사는 자신이 인정하지 않는 부정적인 생각이나 감정, 욕구 등을 타인이나 다른 사물의 탓으로 돌림으로써 자신의 정서적 부담을 덜어내는 방어기제 중 하나이다. 내가 싫어하는 나의 모습을 누군가가 가지고 있을 때, 연민의 감정이 아닌 싫어하는 마음을 느끼는 것이다.

투사는 삶의 여러 순간에 나타난다.

"지금 소형차 주제에 내 차를 추월해?"

운전을 하다보면 누군가 추월을 하기도 하고 당하기도 한다. A씨는 이러한 상황에서 예민하게 반응한다. 유독 자신의 것보다 작거나 좋지 못한 차가 추월할 때 씩씩거리면서 화를 내는 것이다. 도로 위의 상황이 A씨 내면의 열등감을 건드리고, 그때 발생한 분노를 추월한 사람을 향해 폭발시킨다. A씨를 바라보는 다른 사람의 입장에서는 어이가 없고 이해가 가지 않을 것이다. 심지어 주변 사람은 이렇게 말한다. "자신이 추월을 하거나 욕을 하는 건 다 괜찮죠. 하지만 남들이 하는 것은 왜 저렇게 못 참는지……. 결국 그 사람의 분노와 욕을 듣는 사람은 그들이 아니라 가족이라는 걸 왜 저렇게 모르는지 모르겠어요." 하지만 투사를 경험하고 있는 당사자에게는, 그것이 무의식적인 방어기제인지라 순간적으로 분노가 튀어나온다.

이처럼 혹 불편한 감정을 느끼게 할 상황이나 대상이 아닌데도, 쉽게 감정적으로 동요된다면 우리는 투사를 의심해봐야 한다. 앞의 예처럼 내 앞의 사람이 마음에 들지 않는 것이 아니라, 사실 그러한 모습을 지닌 자기 자신을 싫어하는 것일 수도 있다. 투사를 멈추려면, 스크린에 비친 영화를 멈추려면 영사기를 멈춰야 하는 것처럼, 외부의 상황이 아닌 내 안의 불편함을 들여다봐야 한다.

내 안의 비판자는 어디에서 온 걸까?
감정의 투입

"누가 민정 씨를 그렇게 대했나요?"

"저희 엄마요."

민정 씨는 눈물을 왈칵 쏟았다. 엄마는 민정 씨가 늘 1등을 하길 원했다. 민정 씨가 초등학교 1학년 때도 그랬다. 시험에서 겨우 한 문제만 틀려 엄마에게 칭찬을 받을 것이라고 기대한 민정 씨에게 돌아온 것은 한 문제 틀린 사실을 책망하는 싸늘한 말이었다. "넌 왜 이렇게 덜렁대니? 실수만 안 했으면 다 맞았을 거잖아!" 엄마의 말을 들을 때마다, 민정 씨는 늘 자신이 부족하다고 느꼈다. 초등학교 6년 내내 민정 씨는 자신이 부족하고 다소 바보 같은 아이라고 생각했다.

중학생 때의 성적과 등수는 전교에서 손꼽힐 만큼 좋았지만, 자신이 부족하다는 생각에서 벗어날 수 없었다. 전교 1등이 아닐 때마다, 엄마는 늘 민정 씨에게 "네가 공부를 조금만 더했으면……." 혹은 "또 실수했어, 성적이 이게 뭐야?"라고 혼냈기 때문이다.

　민정 씨는 어른이 되어서도 늘 자신을 부족한 사람으로 여겼다. 좋은 직장을 구하고 누가 봐도 괜찮은 배우자를 만났지만, '난 왜 이렇게 부족하지? 못났지?'라는 생각을 떨쳐낼 수 없었다. 집안일을 하다 작은 실수를 해도, 직장에서 실수로 커피를 쏟아도 편안하게 넘기기를 못했다. 스스로를 비난하고 책망했다. 결혼 후 엄마와 떨어져 살고 있어도, 엄마는 더 이상 민정 씨를 비난하지 않아도, 민정 씨는 자기 비난을 멈추질 못했다. 어렸을 적 엄마를 대신해서 민정 씨 스스로가 엄마의 역할을 수행하고 있었던 것이다.

　소리를 지르거나, 차갑게 대하는 등 어렸을 적 싫어했던 부모님의 모습을 성인이 되어 그대로 따라 하는 자신의 모습을 본 적 있을 것이다. '욕하면서 닮는다.'는 말처럼 부모님이나 다른 사람에게 받은 비난, 태도 등을 자기 것으로 여겨 그와 같이 행동하는 것을 투입^{投入} 혹은 내적 투사라고 부른다. 투입에서 벗어나기 위해서는 과거의 상처를 치유하는 것뿐만 아니라 비난, 비판, 비교가 아닌 건강한 방식으로 자신을 다독이는 방법을 배워야 한다.

몸에 새겨진 기억의 고통,
신체화 증상

    소극적인 성격의 그녀는 중학교 시절부터 지속적으로 왕따와 집단 폭행을 당했다. 학교 가는 것이 너무나 두려워 누군가에게 도움을 청하고 싶었지만 그럴 수도 없었다. "선생님에게 말하면 죽어!"라는 협박 때문에 혼자서 고통을 감내해야 했다. 도움을 청한 사실이 자신을 괴롭히던 아이들에게 알려지기라도 하면 더 큰 보복이 돌아올 것이 불 보듯 뻔했다.

    매일 밤 다음 날 있을 일에 대한 불안과 공포 속에서 한숨도 자지 못하는 것은 예사였다. 설령 잠이 들어도 쫓기거나 죽임을 당하는 꿈을 꾸었다. 평소에는 큰소리에 자주 움찔움찔 놀랐다. 결국 다니던 중학교와 멀리 떨어진 고등학교로 진학하면서 왕따와 집단폭행으로부터 해방되었다. 그러나 공포와 불안감은 여전했다. 그 공포에서 조금이라도 벗어나기 위해 밤마다 불을 환하게 켜고 컴퓨터 앞에서 멍하게 있다가 동이 틀 때 즈음 간신히 새우잠을 자기 일쑤였다. 그렇게 13년을 보내면서 그녀는 만성적인 불면증 환자가 되었다.

정서적 스트레스가 몸에 미치는 영향은 우리가 생각하는 것보다 더욱 강렬하다. 정신분석학에 한 획을 그은 칼 구스타프 융Carl Gustav Jung은 『무의식이란 무엇인가』라는 저서를 통해 이 둘의 상관관계를 밝혔다. 칼 융은 심인성心因性 질환 중 우리에게는 노이로제neurosis로 잘 알려진 신경증에 대해 설명한다. 히스테리성 실명으로 고통받던 한 남자가 등장하는데, 시야가 회복되는 과정이 독특하다. 처음에는 부분적으로만 시야가 회복되었는데, 이때는 오직 사람의 머리만 보지 못했다고 한다. 머리를 제외한 몸통 등 다른 모든 것들은 볼 수 있었다. 이처럼 심인성으로 인한 실명은 보이되 보이지 않는 독특한 증상을 지닌다. 겉으로 보기에 증상이 똑같아도 신경증 환자들은 그렇지 않은 사람들에 비해 치료가 더딘 경우가 많다. 일반적으로 통증 완화에 효과가 있는 치료를 해준다고 해도 효과가 없는 경우도 많고, 전혀 부작용이 없다고 여겨지는 치료에도 불편함과 통증을 호소하는 경우가 있다.

우리 생활 속에서도 정서적 스트레스로 인해 신체 반응이 일어나는 경우를 쉽게 찾아볼 수 있다. 믿었던 오랜 친구가 사기를 쳤다고 생각해보라. 그리고 그 피해 금액이 수천만 원에 해당한다면, 어떻게 반응할 것 같은가? 정서적으로는 배신감과 분노를 느낄 것이다. 동시에 얼굴이 빨개지고 눈까지 충혈되고 혈압이 오르는 등 신체적인 변화도 나타날 것이다.

우리 몸에는 위험을 알려주는 '편도체'라는 경보장치가 있다. 새로운 자극이 들어오면 편도체는 우리 몸에 경계주의보를 선포한다. 동시에 이 자극이 어떤 종류의 자극인지를 살펴본다. 위험한 자극이 아니라면 경계주의보는 곧바로 해제되고 평화로워진다. 반대로 위험한 자극이라고 여겨지면 편도체는 온몸에 위험 신호를 보낸다. 위험 신호가 감지되면 교감신경계 항진으로 인한 아드레날린이 분비된다. 이 때문에 혈압은 상승하고 맥박과 호흡은 점점 급박해지는 등 스트레스를 받았을 때 쉽게 볼 수 있는 반응들이 나타난다.

문제는 이와 같은 스트레스가 장기화되거나 스트레스의 강도가 점점 커질 때이다. 아드레날린의 과다 분비는 혈압을 상승시키며 혈관 벽에 높은 압력을 가한다. 이때 혈관 벽이 압력을 감당하지 못하면 결국 '펑!'하고 터진다. 혹은 높은 혈압으로 인해 혈관 벽이 조금씩 손상되고 그 틈에 끈적한 물질들이 쌓이면서 동맥이 막히기도 한다. 장기화된 혹은 과도한 스트레스가 고혈압, 뇌출혈, 동맥경화증을 유발하는 것이다.

우리 사회 전반에 걸쳐 하나의 증상으로 자리 잡은 스트레스로 인

우리 사회 전반에 걸쳐 하나의 증상으로 자리 잡은 스트레스로 인한 신체화 증상도 있다. 바로 '화병'이다. 화병이 있을 경우 앞가슴 정중앙 부위를 눌렀을 때 통증이 나타난다.

한 신체화 증상도 있다. 그것은 바로 '화병'이다. 전이에 대해 설명을 하면서 설령 과거일지라도, 지금도 과거의 영향을 받게 된다는 이야기를 잠시 했었다. 사람들은 대개 억울하고 화가 났던 경험들을 떠올리면, 감정적인 반응뿐 아니라 신체적 반응을 같이 겪는다. 주요 증상은 가슴이 답답하다는 것인데, 이것이 누적되면 '화병'이 된다. 화병이 있을 경우 앞가슴 정중앙 부위를 눌렀을 때 통증이 나타나는데, 이 때문에 화병은 심리적 증상과 신체적 증상이 공존하는 병이다.

이처럼 해소되지 않은 감정들은 다양한 방식으로 우리 몸에 그 기록을 남긴다. 그리고 그 저장된 감정을 풀어줄 때 몸의 증상 역시도 사라진다.

나쁜 기억과 감정의 끝판왕,
트라우마

기억이 지닌 나쁜 특성들이 한 번에 나타나면 어떻게 될까? 그때의 기억들이 머릿속에서 떠나질 않고, 반복된다면? 심지어 과거의 그 순간 그곳에 자신만 멈추어 있다는 느낌을 받으면 어떨까? 우리에게 노 ⏋러한 기억이 있다. 2010년에 발생한 연평도 사건이 그것이다.

2010년 11월 23일, 북한은 연평도를 향해 170여 발을 포격했다. 민가가 파괴되고 야산이 불탔으며, 복무 중이던 해병대원 2명과 민간인 2명이 사망했다. 연평도의 모든 주민들은 때아닌 피난길에 올라야 했다. 몸은 연평도를 떠나왔지만 그날의 충격에서 쉬이 벗어날 수 없었다. 하늘에서 떨어지는 포탄과 불타오르는 건물, 폭파 소리를 잊을 수가 없었다. 환청과 환각을 겪는 주민들이 생겼다. 시간이 지나고 장소가 바뀌어도, 주민들의 몸과 마음은 여전히 그곳에 그대로 남아있었다.

이렇듯 연평도 주민들의 몸과 마음에 깊고 커다란 상처를 준 연평도 포격과 같은 사건을 트라우마trauma라고 한다. 트라우마는 전쟁, 성폭행, 신체적·정신적 학대, 재난, 사고, 상실 등과 같이 누가 봐도 신체적 손상 및 생명을 위협할 수 있는 상황들을 의미한다.

트라우마는 뜻밖의 일상에서 찾아오기도 한다. 여느 일요일과 마찬가지로, 교회를 갔던 A씨는 눈앞에서 급발진 사고로 인해 사람들이 죽는 것을 보았다. 순식간에 일어난 일이었고, 그 순간에는 사람들을 살리는 데 최선을 다하느라 그 상황에서 자신이 얼마나 충격을 받았는지조차 가늠할 수 없었다. 하지만 모든 상황이 종료되고 나자, 그 충격이 몰려왔다. 계속 피투성이의 아이들이 눈앞에 아른거리기 시작했고, 눈물이 멈추질 않았다.

트라우마와 같은 극도의 스트레스가 발생한다는 것은 우리 몸에 전쟁이 일어나는 것과 같다. 전쟁이 일어나면 국가 전체가 비상, 위기 상태로 돌입하게 되는 것처럼, 우리 몸과 마음도 초비상, 위기 상태에 돌입한다. 대개 스트레스를 받는 상황에서 사람들은 싸우거나 도주, 회피한다. 그러다 싸우지도 도망가시도 못히게 되면서 얼어버리거나 붕괴 상태를 겪는데, 트라우마를 겪은 사람들이 이런 반응을 보인다.

이러한 모습은 핸드폰이나 컴퓨터 사용 중 렉lag에 걸리는 것과 비슷하다. 뇌 역시도 트라우마 자극들을 소화하지 못해 렉이 걸린다. 렉에 걸리면 아무리 버튼을 눌러도 소용없는 것처럼 사람도 자신의 의지와 무관하게 낮에는 플래시백flashback, 밤에는 악몽을 겪는다. 특정 사건을 겪을 당시에 느꼈던 신체적 고통을 그대로 겪기도 한다. 호흡곤란, 죽을 것 같은 고통, 그 당시에 입었던 신체적 외상 등을 느낀다. 견디기 힘들 정도로 고통이 지속되면 '내가 내가 아닌 것'처럼 느끼는 해리 증상dissociation symptom에 빠진다. 이때는 신체적 통증도 아득해진다.

이처럼 트라우마가 만들어 내는 반응들은 강렬하다. 그래서 트라우마 피해자들이 세상을 인식하는 방식은 일반인들과 다를 수밖에 없다. 불꽃 축제에 간 형만 씨의 이야기를 보자. 형만 씨는 가을 밤하늘을 수놓는 불꽃 축제에 연인과 함께 갔다. 다른 사람들 눈에는 아름답게만 보이는 불꽃이 트라우마를 경험한 형만 씨의 눈에는 달리 보였다. 그의 눈에는 불꽃이 터지는 소리가 전쟁터의 폭발과 굉음처럼 느껴지고, 자신을 보호하고 누군가를 공격해야 할 것만 같은 기분을 느꼈다. 형만 씨와 그의 연인은 물리적으로 같은 공간에 서 있는 것뿐이지, 완전히 다른 세상을 경험하고 있었다.

형만 씨의 이야기에서도 살펴볼 수 있듯 트라우마 피해자는 종종 일상생활에 쉽게 적응할 수가 없다. 그 사람이 어떠한 삶을 살았는지 알 수 없기에 혹은 트라우마에 대한 이해가 없기에, 사람들은 그 사람을 주의력 결핍이나, 정서조절장애, 과잉행동 등이 있는 사람으로 인식한다. 하지만 그들은 단지 그들의 머릿속에서 처리되지 않은 수많은 감각들과 싸우느라 지금 눈앞의 세상이 아닌 과거의 세상에 있다.

충격적인 기억들은 사람들을 현실이 아닌 과거에 묶어둔다. 실제 눈에 보이는 것이 아니라 자신의 기억 속에 있는 것을 반복 재생함으로써, 현실에 있지만, 여전히 과거에 묶여 살게 만든다.

트라우마는 직접 경험만으로 형성되진 않는다. 2014년 4월 16일, 모든 국민들이 세월호에 타고 있진 않았지만, 그 놀랍고 안타까운 소식에 아파하고 괴로워했다. 앞서 설명한 공감 고통이 트라우마에도 적용된다. 그뿐 아니라, 트라우마 피해자를 돕는 가족이나 심리 상담사들도 트라우마를 겪게 된다.

트라우마를 경험한 후 생기는 질환을 외상 후 스트레스 장애 증후군PTSD, Post Traumatic Stress of Disorder이라고 한다. 이 증후군으로 고통을 받는 사람의 경우, 트라우마로 인해 신체적 통증, 호흡곤란, 악몽을 동반한 불면증 등과 같은 신체적 증상을 겪는다. 또한 과도한 불안, 공포, 충동 성향 등을 띠며 성격은 물론 삶을 보는 관점까지 변한다. 그러다보니 일상생활에 적응하지 못하는 환자도 발생한다. PTSD는 시간이 지난다고 해결되는 것이 아니다. PTSD의 증상들이 보인다면, 우리의 심신 건강과 안전을 위해 반드시 의료인의 치료를 받아야 한다.

트라우마에 대해 더 알아봐요!

작은 트라우마

전쟁, 자연재해, 성폭행 등과 같은 충격적인 사건들 외에, 일상생활에서도 개인의 존엄성을 위협하는 크고 작은 사건들이 있다. 이를 작은 트라우마라고 한다.

미국의 심리학자이자 안구운동 민감 소실 및 재처리 요법EMDR, Eye Movement Desensitization and Reprocessing의 창시자 프렌신 샤피로Francine Shapiro 박사는 어린 시절 부모님에게 들었던 꾸지람, 혹은 친구들 앞에서 혼났던 기억, 친구들과의 갈등 역시도 한 개인의 인생에 지대한 영향을 미칠 수 있다는 것을 알게 되었다. 그 영향으로 인해 개인의 성격이 바뀌거나 자존감 저하, 신체화된 통증 등 트라우마와 비슷한 증상을 겪을 수 있다는 것을 발견하고 작은 트라우마라고 명명했다.

사건 트라우마

대부분 사람들이 트라우마를 이야기할 때, 자연재해, 수치심을 느꼈던 일 등과 같이 특정한 사건을 언급한다. 이를 사건 트라우마event trauma라고 한다. 그런데 트라우마에는 사건 트라우마만 있는 것이 아니다. 트라우마는 겪지 않아야 할 일을 겪을 때도 발생하지만, 경험해야 할 일을 겪지 못할 때도 발생한다. 방치와 방임 역시도 트라우마가 될 수 있다.

작은 트라우마와 방치나 방임으로 인한 상처들은 종종 외면, 방치되곤 한다. '누구나 겪을 수 있는 일인데, 왜 그런 걸 가지고 너만 유독 힘들어하니'라는 주변의 반응이나 '이런 일로 힘들어 하는 건 내가 잘못된 것이 아닐까?'라는 당사자의 안타까운 생각으로 인해 적절히 대처할 시기를 놓치는 경우가 허다하다. 이러한 상처들이 방치된 채로 반복되면 우울증, 강박증, 불안장애 등으로 더 심각한 정신과 질환을 발생시킨다. 전쟁, 재난, 사고 등 사건 트라우마를 경험한 사람들과 동일하게 쉽게 불안, 공포 반응을 보이며, 무표정하고, 감정에 대한 자기 인식도가 떨어진다.

3

기억을
다스리면
새로운
삶이
시작된다

3장에서는 관계 갈등을 비롯한 심리적 문제, 육체적 문제 등에 EFT 기법을 적용한 사례들이 나온다. 4장에서 자세히 설명하겠지만 (133~186쪽), 먼저 EFT를 하는 방법을 간단하게 알아두면, 이 장을 읽는데 도움이 될 것이다. EFT는 다음과 같이 '문제 확인- 준비 단계 - 연속 두드리기 – 뇌조율 과정 –연속 두드리기– 조정 과정'으로 진행된다.

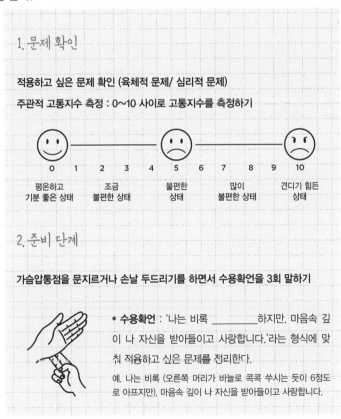

1. 문제 확인

적용하고 싶은 문제 확인 (육체적 문제/ 심리적 문제)
주관적 고통지수 측정 : 0~10 사이로 고통지수를 측정하기

0　1　2　3　4　5　6　7　8　9　10

평온하고　　조금　　불편한　　많이　　견디기 힘든
기분 좋은 상태　불편한 상태　상태　불편한 상태　상태

2. 준비 단계

가슴압통점을 문지르거나 손날 두드리기를 하면서 수용확언을 3회 말하기

* **수용확언** : '나는 비록 _____하지만, 마음속 깊이 나 자신을 받아들이고 사랑합니다.'라는 형식에 맞춰 적용하고 싶은 문제를 정리한다.

예. 나는 비록 (오른쪽 머리가 바늘로 콕콕 쑤시는 듯이 6정도로 아프지만), 마음속 깊이 나 자신을 받아들이고 사랑합니다.

* 연상어구 : 문제 확인의 말을 그대로 반복하거나 요약해서 말한다.

예. 오른쪽 머리가 바늘로 콕콕 쑤시듯이 아프다. 직장 상사가 사람들 앞에서 나를 비난해
서 화가 나고 수치스럽다.

3. 연속 두드리기

연상어구를 반복해서 큰소리로 말하면서 다음의 타점들을 5~7회 두드리기

 눈썹 / 눈 옆 / 눈 밑 / 코 밑 /
입술 아래 / 쇄골 / 겨드랑이 아
래 / 명치 옆 / 엄지 / 검지/ 중
지 / 소지 / 손날

4. 뇌조율 과정

손등점(88쪽 참고)을 계속 두드리며 아래 동작을 순서대로 하기

① 눈을 감는다 ② 눈을 뜬다 ③ 머리를 움직이지 말고 눈동자만 최대한 빨
리 오른쪽 아래로 움직인다 ④ 머리를 움직이지 말고 눈동자만 최대한 빨리
왼쪽 아래로 움직인다 ⑤ 머리를 움직이지 말고 눈동자만 시계 방향으로 크게
돌린다 ⑥ 머리를 움직이지 말고 눈동자만 시계 반대 방향으로 크게 돌린다
⑦ 밝은 노래를 약 2초간 허밍한다 ⑧ 1부터 5까지 빨리 숫자를 센다 ⑨ 다시
약 2초간 허밍한다

5. 연속 두드리기(반복)

연상어구를 반복하면서 다음의 타점들을 5~7회 두드리기

눈썹 / 눈 옆 / 눈 밑 / 코 밑 / 입술 아래 / 쇄골 / 겨드랑이 아래 / 명치 옆 /
엄지 / 검지/ 중지 / 소지 / 손날

6. 조정 과정

효과 없음	부분적인 효과	완전 치유
고통지수에 변화가 없음 ↓ 문제를 구체화하고 기본과정 다시 시도하기	고통지수가 조금만 감소함 ↓ 수용확언을 '나는 비록 여전히 _____이 남아 있지만…' 으로 변경 ↓ 연상어구는 '여전히 조금 남은 _____'로 변경	고통지수가 0이 됨 ↓ 치유 종료

두드리는 방법

1. 검지와 중지를 가지런히 나란하게 모아서 두 손가락으로 두
드린다.
2. 타점 중에서 일부는 대칭적으로 신체 좌우에 위치하는데,
어느 쪽을 두드려도 상관없다.(양쪽을 다 두드려도 됨)
3. 가슴압통점은 두드리지 말고 양손 손가락으로 넓게 문지른다.
4. 두드리는 손은 좌우 어느 쪽이든 편한 손을 사용한다.

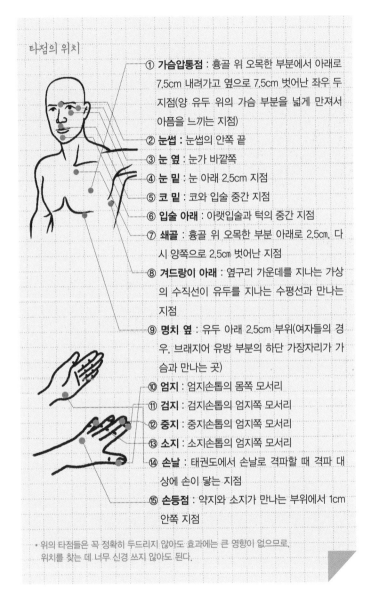

타점의 위치

① **가슴압통점** : 흉골 위 오목한 부분에서 아래로 7.5cm 내려가고 옆으로 7.5cm 벗어난 좌우 두 지점(양 유두 위의 가슴 부분을 넓게 만져서 아픔을 느끼는 지점)

② **눈썹** : 눈썹의 안쪽 끝

③ **눈 옆** : 눈가 바깥쪽

④ **눈 밑** : 눈 아래 2.5cm 지점

⑤ **코 밑** : 코와 입술 중간 지점

⑥ **입술 아래** : 아랫입술과 턱의 중간 지점

⑦ **쇄골** : 흉골 위 오목한 부분 아래로 2.5㎝, 다시 양쪽으로 2.5㎝ 벗어난 지점

⑧ **겨드랑이 아래** : 옆구리 가운데를 지나는 가상의 수직선이 유두를 지나는 수평선과 만나는 지점

⑨ **명치 옆** : 유두 아래 2.5cm 부위(여자들의 경우, 브래지어 유방 부분의 하단 가장자리가 가슴과 만나는 곳)

⑩ **엄지** : 엄지손톱의 몸쪽 모서리

⑪ **검지** : 검지손톱의 엄지쪽 모서리

⑫ **중지** : 중지손톱의 엄지쪽 모서리

⑬ **소지** : 소지손톱의 엄지쪽 모서리

⑭ **손날** : 태권도에서 손날로 격파할 때 격파 대상에 손이 닿는 지점

⑮ **손등점** : 약지와 소지가 만나는 부위에서 1cm 안쪽 지점

• 위의 타점들은 꼭 정확히 두드리지 않아도 효과에는 큰 영향이 없으므로, 위치를 찾는 데 너무 신경 쓰지 않아도 된다.

고통 없는 사이는 없다,
관계 문제 해결하기

"선생님, '돌아이 질량 보존의 법칙'이라는 거 아세요? 어느 곳이든 적정 수의 돌아이는 존재한다는 이론이에요. 만약 그곳에 돌아이가 없다면, 바로 그 자신이 돌아이래요."

이 말은 인간관계의 어려움을 보여주는 단적인 예다. 이 말을 가장 많이 들을 수 있는 직장에만 국한된 것은 아니다. 친구, 연인, 가족 등 다양한 범주에서 우리는 어려움을 겪는다. 게다가 엎친 데 덮친 격이라고, 어느 한 부분에서 관계 문제가 발생하면 대개 다른 관계들의 문제도 같이 발생한다. 문제는 관계를 개선하기 위한 노력을 하는 것이 만만치 않다는 것이다. '나 혼자 아무리 마음을 풀면 뭐하나? 저 사람은 절대 바뀌지 않을 텐데…….', '왜 내가 저 사람 때문에 내 감정을 풀고 이 수고를 해야 해?'와 같은 생각들이 떠오르기 때문이다.

특히 부모와 자식 간, 부부 사이와 같은 가족 내 관계 문제를 해결하려고 할 때, 많은 이들이 이와 같은 생각을 하곤 한다.

이러한 생각에서 벗어나 관계 문제를 해결하려면, 그 목적을 명확하게 할 필요가 있다. '그 사람이 나에게 한 잘못된 행동'을 용납하기 위해서가 아니라, '나 자신의 마음의 평화와 행복을 되찾기 위해서' 관계 문제를 해결하는 것이다. 목적이 희미해지는 순간 원망감과 억울함의 감정이 찾아올 수 있으니 꼭 유념하길 바란다.

관계 문제를 해결하기 위해서는 그 대상과의 관계를 먼저 정리해 보는 것이 좋다. 4분면을 이용하면 그 대상과 자신의 관계가 의외로 쉽게 정리된다. 이 결과에 따라 어떤 관계부터 풀면 좋을지 우선순위를 정할 수 있다.

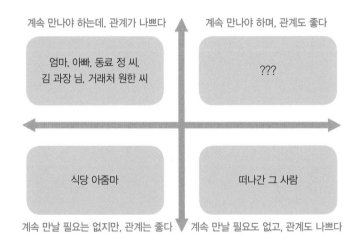

앞으로 소개할 사례는 흔히 우리가 겪을 수 있는 관계 문제에 관한 것이다. 이 사례들은 EFT 온라인 카페 내 사연, 오프라인 정기모임, 교육 과정에서 사람들이 실제 경험한 것이다. 관계 회복을 바라는 사람에게 이 사례들이 도움이 되길 바란다.

직장에서의 관계 문제 해결하기

B씨는 직속 상사와의 관계에서 불편함을 느끼고 있었다. 상사와의 마주침을 늘 피하고 싶었지만, 일주일에 한 번씩 직속 상사와 일대일로 해야 하는 미팅은 도저히 피할 수 없었다. 미팅이 있는 금요일이 두려워 '금요병'까지 생길 지경이었다. B씨는 이 불편함을 해소하기 위해 EFT 기법 교육 과정에 참가했다.

"어제 시범 세션에 직접적으로 참가하지는 않았지만, 두 차례 시범 세션 동안 제가 갖고 있는 문제를 떠올리면서 EFT 기법을 따라해 보았는데요. 원래 고통지수가 5 정도였던 것이 거의 0까지 떨어지는 것을 느낄 수 있었습니다. 상사가 저에게 준 마음의 상처와 감정의 찌꺼기 때문에 반년 동안 고생을 했는데 고통이 줄다니 참 신기하더고요.

어제는 미팅을 하는데 그분의 눈을 바라보며 이야기를 나누는 게 전혀 힘들지 않았어요. 예전에는 눈 마주치는 게 싫어서 화장실 갈 때도 돌아서 갈 정도였고, 미팅 시간이 다가오면 심장이 마구 뛰면서, 스트레스가 심했는데…… 어제는 마음이 참 편했습니다. 예전에는 보이지 않던 그분의 흰머리와 주름살이 눈에 들어오면서 측은하다는 느낌까지 들더군요. 간단하지만 강력한 EFT의 효과를 단단히 본 것 같습니다."

B씨는 강연에서 잠깐 EFT 기법을 따라 해 본 것이 전부였지만, 자신도 모르는 사이 그 효과를 경험할 수 있었다. 이는 EFT 기법에서 나타나는 '빌려 쓰는 이익borrowing benefit'이라는 효과 덕분이다. 다른 사람들이 EFT 기법을 수행하는 것을 보고 따라하는 것만으로도 자신의 문제도 같이 좋아지는 방법이다. B씨는 EFT 교육 과정 속에서 빌려 쓰는 이익을 이용하여, 자신의 금요병을 치유할 수 있었다.

이와는 반대로 상사도 부하 직원을 어려워할 수 있다. 닉네임 카프카 님은 부하 직원들에게 좋은 상사가 되기 위해 부단히 노력하는 사람이었다. '남에게 부담을 주어서는 안 된다.', '부담을 주면 권위적인 상사가 된다.', '권위적인 상사는 좋은 상사가 아니다.' 등의 신념으로 인해 한 사람과 거의 8년째 불편한 관계로 지내고 있었다. 일주일 내내 그 사람 생각에 마음이 괴로워져서 EFT 기법을 적용하게 되었다.

카프카 님이 그 사람을 생각하면 가장 먼저 떠오르는 것은 '나는 그 사람이 나를 대할 때, 눈치보고 부담스러워 하는 모습이 정말 싫다.'라는 말이었다. 이런 마음이 떠오름에도 불구하고 자신을 받아들이는 수용확언을 하며 혈자리를 두드리며 눈물을 흘렸다. 그렇게 시간이 지나자, '좋은 상사가 되어야 한다.'는 부담과 관련된 신념들이 꼬리에 꼬리를 물고 똬리를 틀고 있다는 것을 알게 되었다. 결국 그는 부하 직원이 상사인 자신을 부담스러워하고 눈치를 봐서 불편한 것이 아니라, 자신이 부하 직원의 눈치를 보고 부담을 줄까 봐 제대로 지시하지 못하는 상사여서 싫다는 마음을 깨달았다. 어렸을 적 어머니에게 마음대로 응석 부리지 못하고, 어머니가 늘 부담스러웠던 마음에서 기인한 태도가 아닐까, 객관적인 시선으로 자신을 바라볼 수 있게 되었다.

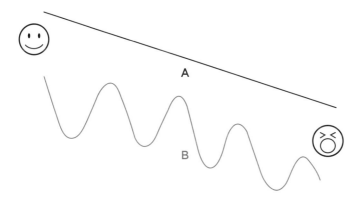

하향 요요 곡선. A처럼 대개 사람들은 타인에게 한 번에 실망하진 않는다. 특히 호감을 느끼거나 가깝다고 생각하는 사람들에겐 더욱 그러하다. 크게 실망하다가 다시 기대를 하고, 또 실망을 하고 다시 기대를 하는 과정(B)을 반복하면서 점차 상대방에 대한 신뢰를 잃는다. 그 결과 그 관계가 소원해지거나 끝이 난다.

"부담은 일을 제대로 수행하기 위해 꼭 필요한 일인 것 같습니다. 적당한 부담을 주고받는 것이 더 건강한 일이라는 것을 알았어요." 카프카 님은 부담 주지 않는 상사 대신 부담을 잘 주고받는 상사가 되는 것으로 자신의 믿음을 바꿨다. 그제야 그 사람과 만나 편안히 대화를 나누고, 자신의 요구도 잘 말할 수 있었다. 반대로 그 사람의 요구도 잘 들을 수 있었다.

가족 구성원 간의 관계 문제 해결하기

관계 문제 중 가장 어려운 것이 바로 가족 관계이다. 부모-자녀, 부부, 형제-남매 관계를 비롯하여, 친척들과의 관계까지⋯⋯. 가족 관계처럼 가깝고 오래된 관계에서 나타나는 문제를 해소하는 데는 상대적으로 많은 시간이 걸린다. 이유는 간단하다.

첫째, 함께 한 시간이 많기 때문에 그만큼 지워야 할 기억도 많기 때문이다. 어머니에게 서운한 기억이 100개 정도 되는데, 그중에서 하나가 지워진다고 해서 어머니에 대한 서운함이 사라지진 않을 것이다. 이때는 EFT 기법 중 일반화 효과를 기대하고 기억을 지우는 것이 좋다. 일반화 효과가 발휘되면 유사한 문제들에 대해서 5~15개 정도의 기억과 감정을 지우면 그 문제 자체가 해소된다. 이 효과를 십분 발휘하더라도 적어도 5~15개 정도의 기억은 지워줘야 하기 때문에 다른 문제 해결보다 힘이 드는 것은 사실이다.

둘째, 가족 구성원들에 대한 믿음과 기대도 크고, 그들에게 받은 영향도 크기 때문이다. 애증은 대표적인 양가감정이다. 잘 모르는 사람이 "네가 그러면 그렇지!"라고 말하는 것과 가족이 말하는 것을 들었을 때 받는 상처의 깊이는 다르다. 잘 모르는 남과 달리 가족은 사랑하기 때문에 그들의 부정적인 말은 더 서운하고 더 화가 난다.

셋째, 항상 나타나진 않지만 한 번 나타나면 골치 아픈 복병인 '억울함, 절망감, 자책감'의 감정 때문이다. 그 사람에 대한 나쁜 기억을 지우고 있는데, 여전히 나에게 욕설을 하거나 폭력을 쓰고 있다고 생각해보자. 그 절망감과 고통이 클 것이다. 저 사람과의 관계를 회복해보려는 자신만 불쌍해지고, 자기만 노력하는 것 같아서 억울해질 것이다. 대개 약자의 역할을 하거나 참고 지내온 사람들의 경우에 더 그렇다.

물론 이와 반대로 자신이 했던 행동이 타인에게 미친 영향을 깨닫고 죄책감을 느끼는 경우도 있다. 죄책감은 수치심, 무력감과 함께 깊고 해소하기 어려운 감정이다. 이런 경우 자신이 잘못했으니 고통과 희생을 하는 것은 당연하다고 여기며, 자신을 괴롭히곤 한다. 닉네임 햇살 님의 경우가 그러하다.

햇살 님은 부부 간 감정의 골이 깊어져 어려움을 겪은 경우이다. 그가 처음 EFT 기법을 배우게 된 계기는 남편과의 관계 때문이었다.

EFT 기법을 한지 한참이 지나도 "남편에 대한 미운 감정은 언제나 바다 밑 모랫바닥처럼 떡하니 버티고 있어요. 바닷물을 아무리 퍼내도 바닥에는 닿을 수 없는 것처럼요."라고 말할 정도로 괴로운 마음은 계속되었다. 세상을 떠날 궁리만 할 정도로 힘들어하는 그에게 남편의 무심함은 큰 원망을 사기에 충분했다.

그러던 어느 날 문득 그는 자기 자신의 무심함에 대해 EFT 기법을 적용해야겠다는 생각을 했다. 항상 고된 일을 직업으로 가졌던 어머니를 도와드리지 못한 데 대한 자신의 무심함, 결혼 후 정신적으로 힘들다는 이유로 가족들을 향한 자신의 무심함 등 자신이 가진 많은 무심함을 떠올렸다. 무심한 자신이 견딜 수 없이 싫고, 그런 무심함 때문에 인생의 즐거움마저 놓친 것 같았다. '사람들에게 무관심하고 도움 하나 주지 못하는 나를 완전히 받아들임을 선택합니다.'라는 수용확언을 통해 자신을 받아들이자, 남편의 무심함도 별일이 아닌 것처럼 느껴졌다.

햇살 님은 자신의 무심함에 대한 분노를 남편에게 투사하고 있는 경우였다. 사람들은 대개 자신이 감정을 투사하고 있음을 잘 인식하지 못한다. 설령 알아차렸다 해도 이로부터 쉽게 벗어나지 못하는 경우가 많다. 쉽게 인식되지 않고 쉽게 벗어날 수 없는 것이 바로 방어기제의 특징이기도 하다. 그렇기 때문에 EFT 기법을 적용하여 무의식의 언어인 감정을 풀어주는 것이 좋다.

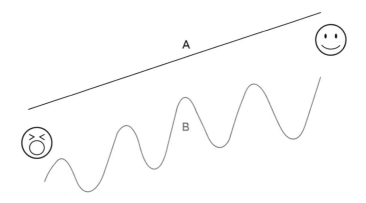

상향 요요 곡선. 상대방에 대한 불편함을 순식간에 내려놓을 수도 있지만, 대부분 가까운 사람들과의 관계 회복은 한 번에 이뤄지지 않는다. 상대방의 태도의 변화나, 개인의 내면 변화를 통해 "믿어 볼까?"라는 기대를 갖게 되고, 다시 "그러면 그렇지!"하고 또 실망하게 된다. 관계 회복 초기에는 기대와 실망의 반복이 잦다. 그렇지만 EFT 기법으로 그 상처들을 치유하다보면 점점 실망보다는 좋은 감정을 더 많이 느끼게 되면서 관계 회복은 안정적인 궤도에 오르게 된다.

가까운 관계의 문제 개선을 위한 4가지 비법

가까운 관계에 대한 EFT를 할 때는 마음의 여유를 가지고 꾸준히 하는 태도가 필요하다. 아래의 4가지 도움말을 참고하면 관계로 인한 상처를 회복하는 데 99.9% 효과를 볼 수 있다.

1. 그 사람으로 인한 나쁜 기억을 하나씩 차례대로 지우자.
EFT를 적용할 때는 특정 대상에게 느끼는 아픔을 한꺼번에 지우지 말고, 구체적인 기억을 하나씩 하나씩 나눠서 지우는 것이 좋다. 여러 가지 기억을 동시에 떠올리면 부정적인 감정이 한꺼번에 느껴져 이에 압도당할 수 있다.

2. 그 사람에게 자신이 바라고 있는 것이 무엇인지를 알아보고, 이 부분에 대해 EFT를 해보자.

때로 사람들은 자신이 무엇을 바라는지도 모르고, 타인에게 짜증을 낼 때가 있다. 그런 경우에는 먼저 스스로가 무엇을 원하는지를 살펴보는 것이 좋다. 그러고 나면 나쁜 기억들이 빨리 해결되는 경우가 종종 있는데, 이때 다음과 같이 수용확언을 만들면 좋다.

'나는 비록 그 사람이 나에게 (내가 바라는 행동)을 해주길 바랐는데, 그렇지 않아서 (내가 느끼는 특정 감정)을 느끼지만, 마음속 깊이 나 자신을 받아들이고 사랑합니다.'

3. 그 사람을 통해 다른 사람을 보고 있는 것은 아닌지 살펴보자.

특정 사람(A)에게서 다른 사람(B)의 유사성을 느끼고, B에 대한 감정을 A에게도 느끼는 전이 감정인지를 살펴보자. 좋은 감정인 경우는 문제가 안 될 수 있지만, 나쁜 감정이나 생각이라면 문제가 될 수도 있다.

예를 들어, 직장 상사에게 가까이 다가가고 싶었지만, 그 앞에만 서면 긴장이 되고 부담을 느꼈던 사람이 있었다. 알고 보니 그 사람은 엄격한 어머니 밑에서 성장했는데, 직장 상사를 통해 자신의 어머니를 보고 있었다. 이런 경우에는 A에게 느낀 감정에 대해 EFT를 적용해도 효과가 더딜 수 있는데, 전이 감정의 원인인 B에 대한 기억을 지우는 것이 좋다. 그 후에 A에 대한 감정을 살펴보면 A, B 두 사람에 대한 부정적인 반응이 동시에 사라진 것을 알게 된다.

4. 그 사람을 통해 자신을 보고 있는 것인지 여부를 살펴보자.

앞의 사례를 참고해서, 자신에게 마음에 들지 않는 부분을 타인에게 투사하고 있는 것은 아닌지 살펴보자. 그리고 그와 관련된 기억을 EFT로 지워나가면, 자신뿐 아니라 타인에 대한 불편함도 같이 사라진다.

연인 간의 관계 문제 해결하기

"선생님, 어느 정도 나이가 든 이후로는 하루도 남자친구가 없었던 적이 없었어요." 한 여성의 말이다. 자랑삼아 한 말이 아니라 사랑의 상처에서 비롯된 말이다. 그녀는 자신이 좋아하는 남자들, 그것도 소위 나쁜 남자만 만났다고 한다. 그들에게 간도 쓸개도 다 꺼내주면서 잘해주었다가 결국 번번이 상처를 받고 헤어졌다. 그리고 곧 또다른 사람을 만났다. 그러던 어느 날, '더 이상은 내가 좋아하는 남자가 아니라, 나를 좋아하는 남자를 만나리라!'고 결심하고 자신에게 잘해주는 남자친구를 만났다. 친절하고 착한 남자친구를 보며 행복했지만 그 행복은 오래가지 못했다. 자신을 좋아하고 잘해주던 남자친구가 어느샌가 나쁜 남자처럼 자신을 대하고 있었기 때문이다. 남자친구가 잘해주면 고마운 마음에 그녀는 항상 두 배로 더 잘해주었다. 남자친구도 그런 그녀에게 고마워하다가 그 호의와 배려를 점점더 당연하게 여기고, 결국 그녀를 함부로 대한 것이다.

그녀가 이 문제에서 벗어나기 위해서는 착한 사람 증후군을 치유해야 했다. 원하지 않는 것, 불편한 것을 거절하는 방법을 배우지 않고서는 그녀는 이 연애의 상처에서 벗어날 수 없었기 때문이다.

연애를 하는 과정에서 상처를 많이 받거나 관계를 지속하지 못하는 사람들에게 추천하고 싶은 책이 있다. 바로 『당신이 나를 위한 바로 그 사람인가요』라는 책이다. 인간관계와 자기계발 분야에 관한 최고 전문가 중의 한 사람인 바바라 드 안젤리스Barbara De Angelis 박사가 썼다. 이 책의 내용 중 일부를 응용해서 상담에 활용하는데, 실제로 사람들이 자신의 연애 패턴을 이해하는데 도움을 준다.

1. 먼저 종이를 준비하고, 자신이 교제했던 사람들의 이름을 적는다. ('가, 나, 다'라고 적어도 상관은 없다. 단, 자신은 그 대상이 누구인지를 알 필요가 있다.)

2. 그 사람의 특성을 적는다. 그것이 좋은 점이든 나쁜 점이든 상관없다. (예. 키가 크다, 목소리가 크다, 덩치가 좋다, 성격이 급하다, 결단력이 있다, 소심하다 등)

3. 다 적었다면, 그들의 공통점들을 찾아보라. 그 사람들의 어떤 점에 끌리고 있는지, 어떤 면에서 상처를 받고 힘들었는지를 살펴본다.

4. 이번에는 자신의 양육자를 적는다. 아버지/어머니라고 적고, 아버지와 어머니의 특성들을 각각 적어본다. 방식은 앞서 교제했던 대상과 동일하다. 아버지와 어머니의 특성 중 긍정적인 부분 옆에 '+'를, 부정적인 부분 옆에 '−'를 적는다. 그리고 교제했던 이들의 특성들과 비교해보라.

검사 결과를 보면, 사람들은 대개 자신이 양육자에게서 좋아하는 모습이나, 받고 싶었던 부분들을 해주는 대상에게 끌린다. 그것을 바탕으로 교제를 시작했다가, 양육자가 자신에게 상처를 준 방식 그대로 상대방이 상처를 줄 때 갈등이 시작되고 이별이 찾아온다.

즉, 사람들은 이성을 통해 부모 중 누구에게서 어떤 사랑을 받고 싶었는지 알게 된다. 부모와의 애착이 부모-자식과의 관계에만 영향을 주는 것이 아니라, 사회적 관계 그리고 연인 관계에도 영향을 미친 것이다.

특히 애정 결핍이 있는 경우에는 교제하는 대상에게 집착을 할 가능성이 높다. 집착의 원인이 양육자와의 애착 문제이므로, 이 부분에 대한 치유가 동반되어야 한다. 그 과정에서 필요하다면, 연애를 일시적으로 하지 않는 등 관계 단식을 하기도 한다. 이렇게 부모와의 관계에서 받았던 상처들을 EFT 기법으로 다루면 이별의 아픔을 잘 추스르고, 후에 조금 더 발전적이고 건강한 사랑을 할 수 있게 될 것이다.

삶의 질을 높이다,
일상의 불안 없애기

교실 안의 고통, 불안 없애기

한 재수 학원에 EFT 기법 특강을 하러 갔을 때 일이다. 교실 맨 뒤 책상에 엎드려 있던 학생에게 EFT 기법을 해줄 기회가 생겼다. 얼마나 잠을 잤는지, 눈에는 눈곱이 그대로 붙어있던 그 학생은 소위 말하는 영포자, 즉 영어포기자였다.

겉으로만 보면 이 학생은 제대로 공부하지 않고 잠만 자는 것으로 보였을지도 모른다. 그러나 EFT 기법을 시행하기 위해 알게 된 사실은 좀 달랐다. 이 학생은 처음부터 영어 공부를 안 한 것이 아니었다. 처음에는 열심히 노력한 축에 속했다. 하지만 2~3개월 노력해도 성과가 나지 않자 '역시 나는 영어는 안 되나!'라는 생각과 함께 좌절감이 들었고, 점점 영어와 더 멀어졌다. 영어책만 봐도 답답했던 마음 뒤에 숨겨져 있던, 노력을 했을 때 뜻대로 되지 않았던 좌절감에 대해 EFT 기법으로 다뤄주자, 다시 한번 도전할 마음을 먹을 수 있었다.

성공 경험이 많고, 자기 효능감이 높은 사람들은 훨씬 더 쉽게 성취를 위해 도전할 수 있다. 그러나 그렇지 못한 경우에는 마냥 의지력만으로는 어려울 때가 많다. 특히 불안은 우리가 생각하는 것보다 훨씬 더 강력해서 의지를 쉽게 무력화시킨다. 한 예로 2013년 7월에 이뤄진 연구결과를 들 수 있다. 가톨릭 의대 성모병원 채정호 교수팀과 마음누리 신경정신과 정찬호 원장팀이 연구팀을 결성했다. 그리고 서울 강남의 한 입시학원 재수생 463명을 대상으로 시험불안과 수능 성적 사이의 상관관계를 조사했다. 연구팀은 20개의 시험불안 척도를 이용해 학생들의 주관적인 시험 불안 정도를 심박 간격 변화율을 이용해 각각 측정했다. 그 후 시험 불안이 평균치보다 높은 학생과 낮은 학생을 구분해 수능 성적 차이를 비교했다. 그 결과 시험 불안이 높은 학생의 수능 성적 평균은 266.1점으로 시험 불안이 낮은 학생들의 평균 수능 성적 275.4에 비해 9.3점 낮은 것으로 나타났다.

이 연구 결과를 기반으로, 한 중학교 학생들에게 시험 불안을 극복할 수 있도록 EFT 기법을 안내하는 소책자를 만들어 배포했다.

그리고 뜻밖의 결과를 볼 수 있었다. 어떤 학생들은 EFT 기법을 통해 시험 불안 정도가 떨어져 성적이 올랐지만, 또 다른 학생들은 오히려 성적이 떨어졌던 것이다. 후자의 학생들에게 무슨 일이 있었던 걸까?

부모님에게 혼이 나지 않으려고 공부를 했던 학생들은 EFT 기법을 수행하고 나니 시험에 대한 긴장감뿐 아니라 혼이 나는 것에 대한 두려움도 풀렸다. 이전과는 다르게 공부를 안 해도 마음이 편했던 것이다. 부정적인 학습 동기로, 즉 혼나기 싫어서, 괴롭힘당하기 싫어서 등 억지로 공부를 한 학생들은 EFT 기법을 통해 학습 동기 자체를 잃었다.

당연한 말이지만 자신이 원하는 일이어야만 자발적 동기가 생긴다. 만약 학습에 대해 EFT 기법을 적용하고 싶다면, 자신의 학습 동기를 살펴볼 필요가 있다. 만약 부정적인 학습 동기만 있다면, 긍정적인 학습 동기를 반드시 찾아주는 작업이 병행되어야 할 것이다.

도로 위의 고통, 교통사고 후유증 및 차, 비행기 공포증 없애기

다큐멘터리 〈모든 것에 시도해보라Try it on Everything〉에는 사랑하는 부인을 교통사고로 잃은 한 남성이 나온다. 그는 슬픔과 비통함에 빠져 직장 생활도 제대로 하지 못했을 뿐 아니라 아이들도 제대로 돌

보지 못한 채, 정말 근근이 목숨만 부지하고 있었다. 그러나 계속 그렇게 살 수는 없었다. 아이들을 위해서라도 다시 힘을 내어야 했다. 그는 변화하기로 마음을 먹었고, 교통사고로 인한 충격을 EFT 기법으로 지우기로 결심했다. 자동차 사고가 난 순간순간이 마치 지금 일어나고 있는 것처럼 생생하게 느껴졌다. 고통스러웠지만 그때의 충격과 상처를 EFT 기법으로 다뤄주자 점점 그 자극들이 약해지더니 사라졌다. 그제야 그는 비로소 편안해질 수 있었다.

교통사고를 경험한 한 여성이 있었다. 다행스럽게도 신체적인 후유증은 크지 않았지만, 차를 운전할 수도, 검은색 차를 바라볼 수도 없었다. 자신의 차와 추돌한 차가 검은색이었기 때문이다. 5년이 넘게 지났지만 그때의 기억은 생생하게 남아, 자신의 차를 향해 다가오는 환한 빛과 검은 차의 실루엣이 보이곤 했다. 그때 그 기억이 떠오를 때마다 공포가 느껴졌고 뒤이어 그 당시 몸의 충격과 통증까지 느껴졌다.

이러한 사고에 대해 EFT 기법을 적용할 때는 꼼꼼하게 해주는 것이 중요하다. 자극들 하나하나뿐만 아니라 사고 순간에도 EFT 기법을 적용해주자, 검은 차를 떠올려도, 차의 불빛을 떠올려도 공포가 생기지 않았다. 그리고 그는 5년이 넘는 기간 동안 포기했던 운전도 조금씩 다시 시작할 수 있었다.

자동차 사고 외에 비행기 공포증의 경우에도 꼼꼼하게 EFT 기법을 적용해야 한다. 업무상 비행기를 타고 출장 갈 일이 많은 은지 씨는 비행기 공포증을 겪고 있었다. 그래서 늘 비행기를 타기 전에 양약과 한약을 두루 준비해서 약들을 다 털어 넣은 후에야 비행기를 탈 수 있었다. EFT 기법이 비행기 공포증을 해소시킬 수 있다는 설명을 듣고, 그는 비행기를 탔을 때 느끼는 반응 하나하나에 EFT 기법을 적용했다. 그러자 놀랍게도 식은땀이 사라지고, 밖으로 나가지 못하는 답답함과 추락하게 될까 봐 두려운 마음을 없앨 수 있었다.

난기류로 인해 비행기에서 불안을 겪은 후 비행기 타는 것을 두려워하는 사람도 있다. 그런 경우에는 교통사고의 기억을 EFT 기법으로 다뤄주는 방식으로 난기류 기억에 대해 EFT 기법을 적용하면 대개 바로 좋아진다. 기본적으로 비행기 공포는 고소공포와 폐쇄공포가 복합적으로 작용한 공포이기 때문에 조금 더 복잡하지만, 차근히 EFT 기법을 적용하면 충분히 극복할 수 있다.

사소하지만 불편한 습관 고치기

한 남성은 언젠가부터 잠을 자고 일어나면 허리가 아프기 시작했다고 한다. 물리 치료도 받아봤지만 일시적으로 나아질 뿐, 잠을 자고 일어나면 또 허리가 아팠다. 그러다 어느 날 그는 자신이 잠에 들

때는 반듯이 누웠다가 잠을 자는 동안에는 자신도 모르게 허리를 비틀어 잔다는 것을 알게 되었다. 이런 버릇 때문에 허리가 아픈 것이었다. 그래서 그는 잠자리에 들기 전에 '나는 자는 동안 허리를 비틀고 자지만, 이런 나도 받아들이고 사랑합니다. 그리고 허리를 쭉 펴고 자는 것을 선택합니다.'라는 수용확언과 함께 EFT 기법을 적용했다. 그 결과 허리 통증이 사라졌다.

한 여성은 특정 기관의 장長을 맡게 되었는데, 자신의 젓가락질이 고민이었다. 50세가 넘었지만 아이들이 하는 것처럼 젓가락질이 서툴렀기 때문이다. 가수 디제이 디오씨DJ DOC의 노래 가사처럼 젓가락질 잘 못해도 밥은 잘 먹지만, 아직 우리 문화에서는 젓가락질을 잘 못하면 입방아에 오르내린다고 생각하고 걱정하고 있었다. 아무에게도 말도 못하고 속을 끓이다, EFT 기법을 적용해보았다. 젓가락질 습관에 EFT 기법을 적용해서 고치고 나서야, 당당하게 다른 사람들 앞에서 젓가락질을 할 수 있었다.

이와 같이 EFT를 적용하면 생각보다 즉각적이고 빠르게 습관을 바꿀 수 있다. 하지만 어떤 습관들은 조금 더 깊은 내면의 감정을 풀어야 할 때도 있다.

청소를 하려 했지만 막상 하지 않고 계속 미루는 습관이 있는 남성이 있었다. 처음에는 자신이 왜 이러는지를 몰랐지만, EFT 기법을 통해 그 내면을 살펴보니 이 남성은 모종의 청소 징크스를 가지고 있었다. 이 징크스는 어느 한 사건이 계기가 되었다. 어느 날 그는 청소를 다 끝내고 상쾌한 기분으로 차 한 잔을 마시며 창밖을 바라보고 있었는데, 전화 한 통이 걸려왔다. 할머니가 병원에 입원을 하셨다는 전화였다. 이때만 해도 까마귀 날자 배 떨어지는 것이라고 생각했지 청소 징크스는 없었다. 하지만 다음 번 청소를 할 때 어머니까지 아프시게 되자, 자신도 모르게 '기분 좋게 청소를 하면, 가족들에게 안 좋은 일이 생긴다.'는 생각이 자리 잡았다.

징크스라는 것이 원래 그렇다. 청소를 하고서도 나쁜 일이 안 일어난 날들이 훨씬 많지만, 적게는 한두 번, 혹은 세네 번 이상 나쁜 일이 일어나면 징크스가 생긴다. 객관적인 확률을 계산한다면 징크스가 생기는 확률은 아주 적겠지만, 사람 마음이 그렇지 않다. 이런 경우에는 억지로 청소를 하면 불안감만 커진다. 자신의 징크스가 생긴 원인을 지유해야 싱크스에서 벗어날 수 있다. 가볍게는 그 증상에 대해, 혹은 그 습관을 버리지 못하는 이유를 찾아서 EFT 기법으로 다뤄주면 징크스를 비롯한 일상 습관을 한결 쉽게 바꿀 수 있다.

보이지 않아도 아픔은 아픔이다, 마음의 병 고치기

성적을 올리는 우울증 치료

지만이는 작년 11월부터 심한 우울증을 겪기 시작했다. 대개 우울증은 아무 까닭 없이 우리를 찾아오지 않는다. 몸이 아프든, 마음이 아프든 반드시 이유가 있다. 그러나 지만이는 정작 작년 11월에 무슨 일이 있었는지 기억나지 않는다고 했다. 신기한 것은 작년 10월과 12월에 있었던 일은 기억하면서도 11월의 일만 기억하지 못하고 있다는 사실이다. 도대체 지만이에게 무슨 일이 있었던걸까?

무의식의 세계는 아직도 미지의 영역으로, 많은 사람들이 이 영역에 대해 연구를 하고 있다. 지그문트 프로이트Sigmund Freud는 무의식을 연구해 온 대표적인 사람이다. 프로이트에 따르면 우리의 무의식은 각 개체가 느끼는 스트레스로부터 자신을 보호하기 위해 방어기제를 사용한다. 그중 하나가 바로 '억압'이다. 정신분석 이론에서 '억압'은 만족시킬 수 없는 동기와 죄의식을 유발하는 충동, 혹은 기억을 의식에서 사라지게 함으로써 부인하는 방어기제이다. 단기 기억 상실과 달리, 특정 부분에 대한 기억만 소실한다. 자신에게 일어난 상처가 너무나 커서 그것을 기억하기 고통스러울 때 억압을 통해 그 기억을 봉인한다.

상담을 하다 보면 그러한 현상을 겪고 있는 사람들을 종종 만난다. 머리가 아주 똑똑하고, 기억력이 좋은 아이들이라 할지라도 예외는 없다. 당장 한 해 전의 일은 물론이요, 심한 경우 어제의 일도 기억하지 못한다. 머리가 좋은 사람들도 마찬가지다. 그들의 기억력은 너무나 좋은 나머지, 행복한 기억 말고도 불행한 기억까지도 너무 세심하게 생생하게 기억하지만, 억압이라는 방어기제를 피해갈 수 없다.

40대 후반의 한 남성이 바로 그러한 사람이었다. 3살 때 자신이 무엇을 했는지 생생하게 기억하고 있었다. 책을 슥 보고 그 자리에서 외울 수 있을 만큼 기억력이 좋았다. 사람들은 그를 보며 부러워했지만, 당사자는 행복하지 않았다. 부정적인 순간들도 너무나 생생하게 떠올라 고통을 받기 때문이다. 그런 그들이 생존하기 위해 선택하는 방법 중 하나가 '억압'이다.

'억압'의 작용으로 인해 주변인들에게 "네가 그때 나한테 무슨 말을 했는지 알아?"라는 질문을 받고 답변을 못 하는 부가적인 괴로움도 생긴다. 해당 기억이 심각하게 상처를 준 충격적인 사건이었을 경우에는 괜찮지만, 문제는 그 정도로 심각한 일이 아닌 경우에도 이러한 현상이 나타난다는 점이다. 특히 어린 시절에는 별일 아닌 일이 큰 충격으로 다가와 방어기제가 작동되는 경우도 있다. 예를 들어 어린 아이들에게 귀신 이야기를 들려주는 것은 어른에게 들려주는 것과는 다르다. 아이들은 작은 것에서도 무서워하고 두려워한다. 뇌의 이성적인 부분들이 아직 발달하지 않아서 그들은 꿈, 상상과 현실을 구분하지 못하기 때문이다.

어린 시절의 충격, 그로 인한 '억압' 방어기제의 작동으로 기억이 나지 않을 경우에는 가족들에게, 자신 혹은 그 주변에서 어떤 일이 일어났는지 물어보는 것이 좋다. 누군가에게는 부모님의 부부싸움이나 외도가, 누군가에게는 왕따나 친구 관계 문제가 큰 충격이 될 수 있다. 변화는 '인식'이 될 때 더 수월하게 나타날 수 있다.

앞서 살펴본 지만이의 경우, 부모님의 잦은 부부싸움으로 인해 스트레스를 받고 있었다. 부모님의 부부싸움이 충격적이었는지 당시 그런 일이 일어나고 있었다는 사실을 기억하지 못하고 있었다. 확실한 것은 지만이가 많은 스트레스를 받고 있었고, 그로 인해 전교 20등 안에 들었던 그의 성적이 200등 넘게 떨어졌다. 부모님은 지만이를 혼내면서 과외까지 시켰지만, 지만이는 그 어떤 것도 머릿속에 넣을 수 없었다. 부모님의 다툼과 무관하게 공부를 하려고 해도 집중할 수가 없었고, 점점 머리는 무거워지고 인지 속도도 떨어지기 시작했다.

EFT 기법 상담을 통해 지만이는 부모님의 부부싸움으로 인한 상처부터 치유했다. 그리고 그가 제일 먼저 인식한 변화는 '공부를 할 수 있다'는 마음가짐과 자세였다. 지만이가 이전과 달리 스스로 공부를 하기 위해 책상에 앉기 시작했고, 우울감과 무기력감도 많이 사라졌다.

그러던 어느 날 지만이는 "선생님, 이런 말씀 드리기 뭐 한대요! 저 좀 머리가 좋아진 것 같아요!"라고 말했다. 상담을 하다보면 지만이처럼 스트레스로 인해 일시적으로 혹은 중장기적으로 인지 능력이 떨어지는 경우를 볼 수 있다. 그런 경우 사람들은 스스로의 상태를 기억력이 떨어지고, 상대방의 말을 잘 이해를 못하고, 머리가 나빠졌다는 식으로 표현한다. 이러한 증상은 정서적인 스트레스를 해소해주면 지만이처럼 다시 원래의 명료한 상태로 돌아올 수 있다.

환청의 고통을 없애는 트라우마 치유

실제로 존재하지 않는 것이 보이거나 들리는 등 환각 증상이 있을 때, 4~5년 전만 해도 조현병(정신분열증)이라는 진단을 내리곤 했다. 미경이가 바로 그러한 경우이다. 공부를 잘 하고 조용한 성격이었던 미경이는 주변 친구들의 시기 대상이었다. 성실하고 공부도 잘하는 미경이를 선생님은 좋아했고, 그 선생님을 좋아하는 한 아이가 주도하여 미경이를 괴롭혔다. 미경이는 스트레스를 꽤 많이 받았지만, 엄마에게도 선생님에게도 말을 할 수가 없었다. 힘들게 일하는 엄마가 걱정을 하는 것도 싫었고, 이야기를 한다고 해서 해결될 수 있는 문제도 아니라고 생각했다.

증상의 시작은 여느 때와 다르지 않은 평범한 날이었다. 미경이는 하교 후 자신의 방에 들어갔는데, 아무도 없는 방에서 반 아이들이 자신을 비웃는 목소리를 듣기 시작했다. 무섭고 두려웠던 미경이는 노래를 틀어 그 목소리를 없애보려고 애를 썼지만, 벗어날 수가 없었다.

그 목소리가 미경이를 매 순간 괴롭힌 것은 아니었지만, 학교에서만큼은 매우 괴로웠다. 실제로 아이들이 놀리고 있는 것인지, 환청인지 구분할 수가 없었기 때문이다. 설령 환청이 아니라고 한들 아이들에게 반박의 말을 하지도 못했겠지만, 미경이는 그 소리 때문에 미칠 것만 같았다.

병원에서는 미경이에게 '조현병'이라는 진단을 내렸다. 정신과 약물을 복용해도 차도가 없었고, 마음을 안정시켜주는 한약을 먹어도 차도가 없었다. 마음의 상태를 혈압이나 당 수치처럼 숫자로 측정할 수 있으면 좋겠지만, 그렇지 못하다 보니 진단과 치료가 모호할 수밖에 없었다.

이런 경우 EFT 기법은 환청 자체, 즉 아이들의 비난 소리를 먼저 해결해줄 수도 있지만, 실제로 미경이가 학교에서 괴롭힘을 당했던 기억부터 EFT 기법으로 다룬다. 하지만 바로 효과를 기대할 수 없다. 설령 1~2회 만에 증상이 해소되더라도, 그 상태를 안정적으로 유지하려면 자존감을 높이는 추가적인 심리 상담이 필요하다. 환각 증상이 나타났다는 것은, 한 개인이 감당하기 어려운 수준의 스트레스를 받았거나, 강도 높은 스트레스가 꽤 많은 시간 동안 누적되었다는 것을 의미하기 때문이다.

두려움이 사라지는 것만으로도 편안해질 수 있지만, 때로는 그러한 상황에 어떻게 대처하면 좋을지에 대한 직접적인 해결책까지 더해져야 할 때가 있다.

안전하고 섬세하게, 성적 트라우마 치유

"엄마가 오빠를 얼마나 좋아하는데요. 전 가족에게 사랑을 받지 못하는 아이라고 생각했어요. 오빠가 저에게 한 짓을 가족들에게 말하면, 온 가족들이 저를 미워할 것 같았어요." 성인이 될 때까지 오빠에게 성폭행을 당했던 그녀는 그렇게 말했다. 생각보다 많은 사람들이 성적 트라우마를 가지고 있다. 성폭행을 당한 딸을 혼내는 부모도 있었고, 20년간 근친상간을 당하고 있어도 말 한마디 못하며 살아가는 사람도 있었다. '과연 이 시대에도 그런 일이 가능한 것인가?'

라는 생각이 들 정도로 말도 안 되는 상처들을 안고 살아가는 사람들이 많다.

트라우마가 그러하듯 성적性的 트라우마 역시 그 당시의 공기, 숨소리, 옷의 느낌, 작은 접촉 등 놀라울 정도로 생생하게 그때의 흔적을 피해자에게 남긴다. 그때의 기억은 기본적으로 자신의 존재 자체까지 수치스럽고 더럽게 여기게 만드는데, 이는 꼭 낯선 이가 아닌 연인 관계에서 원치 않은 성적 관계를 맺는 경우에도 나타날 수 있다. 남성들도 예외는 아니다. 남성들도 성추행이나 성폭행의 경험을 갖고 있는데, 그 대상이 성인이거나 더 강한 또래집단의 구성원인 경우가 많다. 많은 이들이 성적 트라우마로 인해 대인기피, 우울증 증상을 보이거나, 자해를 하거나, 결벽증을 갖게 된다.

성적 트라우마는 그 일이 벌어진 시기가 어린 시절일수록, 피해자는 자신이 겪은 일의 의미를 잘 모른다. 무언가 잘못된 일이 일어났는데, 이를 어른이나 다른 사람들이 알게 되면 혼나게 될 것 같은 두려움과 불안감, 불쾌감, 수치심 등 감정으로 인식되는 경우도 많다.

이들의 상처를 치유하는 데는 피해자의 안전이 중요한데, 이를 위해 다른 상담들에 비해 더 많은 인내심이 필요하다. 피해자들은 과거의 상처들을 직접적으로 회상하지 않아도, 그 기억을 유발하는 자극만 받아도 그때의 충격과 아픈 감정들을 오롯이 떠올린다. 안정감을 느끼게 하고, 용기를 북돋아 주는 과정도 더 섬세하게 이뤄져야 하는데, 그렇지 않을 때 피해자는 상담 과정 속에서 2차 트라우마를 겪을 수 있기 때문이다.

성적 트라우마로 인한 수치심, 불안감, 죄책감에서 벗어났을 때, 사람들은 자신을 용서하고 사랑할 수 있게 된다. 그리고 자신에게 사랑과 행복을 허락한다. 더 이상 사랑하는 사람들에게 말하지 못한 상처로 인한 죄책감과 수치심으로 눈치를 보거나 위축되지 않게 된다.

자신의 아들을 죽인 살인자 애덤을 용서하기

자기 내면의 미움과 원망을 내려놓기 위한 방편으로 사람들이 생각하는 방법 중 하나가 '용서'이다. 사람들은 과연 어느 범주까지 용서할 수 있을까? 가깝게는 자기 자신부터, 멀리는 도저히 용서할 수 없는 사람까지 용서할 수 있게 된 사람들이 있다.

2015년 1일, 하와이 마우이에서 열린 강의에 참석했다. 작가이자 심리학자인 웨인 다이어Wayne Walter Dyer와 여러 강연자들이 강연했다. 그중 스칼릿 루이스Scarlett Lewis라는 의사의 강연이 인상 깊었다. 루이스는 2012년 미국 코네티컷 뉴타운 초등학교에서 일어났던 총기 사건으로 인해 7살 된 아들 제시를 잃었다.

사건 당시 제시는 큰소리를 쳐서 총기를 든 애덤의 주의를 분산시켰다. 덕분에 다른 아이들은 살아남을 수 있었지만, 제시는 결국 시체로 발견되었다. 다른 이도 아닌 7살 된 아들의 죽음으로 인해 엄마인 루이스를 비롯한 가족들의 상처는 너무나 깊었다. 눈을 감기만 해도 떠오르는 장면들, 그리고 보고도, 듣고도 받아들일 수 없는 소중한 아들의 죽음. 제시에게 해주지 못했던 것들은 왜 이렇게 떠오르는지……. 많은 사람들이 그녀를 도와줬지만, 그리고 여러 가지 심리치료 등을 받았지만, 그녀 내면 깊은 곳의 분노와 죄책감을 치유하는 것은 쉽지 않았다. 그러던 중 EFT 전문가 닉 오트너Nicolas Ortner의 도움을 받게 되었다. 루이스는 EFT 기법을 통해 제시를 죽인 살인자 애덤에 대한 분노, 원망, 상실감 등을 풀어내고, 자기 자신도 그 살인자를 용서하게 된다.

그 과정들은 결코 무엇 하나만으로 가능했던 것은 아니다. 많은 시간들이 걸렸고, 또 절대 쉽지 않은 과정이었다. 모든 사람들이 루이스처럼 반드시 용서를 해야 한다는 말은 아니지만, 우리의 마음은 이를 어떻게 쓰느냐에 따라 자신의 소중한 가족을 죽인 사람을 이해하고 용서하는 데까지 이를 수 있다.

루이스는 "그 사람을 용서하지 않는다고 해서, 소중한 아들 제시가 돌아오는 것은 아니잖아요? 제가 이렇게 마음 아파하고 누군가를 미워하는 것은 제시도 원하지 않을 거예요."라고 말했다. 감정에 쉽게 휘둘리는 듯한 인간이라는 존재는 때론 우리가 생각하는 것보다 더 위대한 용서를 실천할 수 있고 그 과정에 EFT 기법이 하나의 도구가 될 수 있다.

정신이 육체를 지배한다,
건강한 몸 만들기

EFT 기법은 '침술 없는 침법'이라는 별명을 가지고 있다. 심리적인 변화뿐만 아니라 몸의 증상에도 좋은 변화들을 가져온다. 통증, 다이어트, 시력 등 다양한 신체적 증상에 적용할 수 있다.

마음의 허기 채우기

많은 여성들에게 다이어트는 평생 숙제나 다름없다. 그만큼 쉽지 않은 일이기 때문일 것이다. 식이조절과 운동을 꽤 열심히 하고 있음에도 불구하고 전혀 살이 빠지지 않는다면, 더욱더 어렵게 느껴질 것이다.

EFT 기법과 관련된 해외의 사례 중 다이어트와 관련된 사례가 있다. 샐리Sally는 처음부터 뚱뚱한 사람은 아니었다. 한 때는 미녀대회에서 입상할 정도로 날씬하고 건강한 몸매를 가졌다. 샐리는 과거의 아름다움을 되찾기 위해서 여러 시도를 해봤으나, 결국 체중은 제자리였다. EFT 기법 상담을 통해 그녀는 자신의 체중이 제자리일 수밖에 없는 이유를 알게 되었다.

그녀가 건강하고 날씬했을 때의 일이었다. 운동 수업을 받기 위해 체육관에 가면, 남자들이 그녀에게 추파를 던지고 실수를 가장한 스킨십을 했다. 그녀는 그들의 성희롱과 성추행이 너무 힘들게 느껴졌다. 그 순간 그녀의 무의식은 '나를 지키기 위해서는 뚱뚱해져야 해!' 라고 생각했다.

무의식의 입장에서는 안전이 외모보다 더 중요했다. 샐리는 조금만 날씬하고 예뻐진다고 생각하면, 먹는 것으로 자신을 지키려 했다. 의식적으로는 날씬해지고 싶다고 하지만, 무의식적으로는 그를 반대하는, 전형적인 '심리적 역전'을 겪고 있었다. 샐리는 이 부분들에 대해 EFT 기법으로 다루고 난 후에야, 뚱뚱하든 날씬하든 다른 방식으로 자신을 지킬 수 있다고 인식하게 되었다. 물론 그 후 그녀는 한결 편하게 다이어트에 성공할 수 있었다고 한다.

정서적 과식Emotional overeating, 즉 폭식은 샐리만의 문제가 아니다. 샐리처럼 두려움 때문에 자신도 모르게 먹게 되는 경우 외에도, 불안감이나 분노를 잊기 위해서도 먹는다. 또 마음의 허전함과 외로움을 잊기 위해서도 과식을 한다.

'엄마는 언니만 좋아해! 왜 난 좋아하지 않아?' 경미 씨는 늘 마음이 허전했다. 늘 언니가 먼저이고, 언니만 칭찬해주는 엄마를 보면 경미 씨 마음은 늘 그런 생각으로 가득찼다. 그 생각을 입 밖으로 내뱉은 적도 있지만, '말이 안 되는 쓸데없는 소리를 한다.'고 혼나기만 했다. 그러나 경미 씨는 엄마가 말은 저렇게 해도 결국 언니만 잘해주는 모습을 보며 실망과 속상함만 느꼈다.

언니에 대한 질투심, 엄마에 대한 원망, 사랑받지 못한다는 생각에서 오는 외로움 등이 뒤섞여 우울하고 힘든 경미 씨의 마음을 다독인 것은 초콜릿이었다. 초콜릿을 먹는 양이 점점 늘어나고, 그에 따라 경미 씨의 몸무게도 늘어났다. 초콜릿 먹는 것을 멈추고 싶어도 멈출 수 없는 자신을 보며 속상한 경미 씨에게 엄마가 "언니는 이렇게 날씬한데, 넌 왜 이렇게 계속 초콜릿을 먹니? 그러다 돼지 되겠어!"라고 말하면, 경미 씨는 초콜릿을 더 많이 먹었다. 경미 씨는 언니와 엄마에 대한 감정들을 EFT 기법으로 하나씩 다루고 나서야 초콜릿 중독에서 벗어날 수 있었다.

사람들은 저마다 다른 이유로 과식과 폭식을 한다. 의식적으로 '먹지 말아야지!'라고 한들, 식욕은 바로 조절되지 않는다. 왜 과식과 폭식을 할 수밖에 없는지 그 이유를 찾아서 EFT 기법으로 해결해주는 것이 필요하다.

EFT 기법으로 다이어트 하는 Tip.

1. 과식, 폭식을 할 때 주로 어떤 감정을 느끼고 있는지 스스로에게 물어 보자.

대개 화, 두려움, 불안, 우울감, 수치심, 외로움 등 느끼고 싶지 않은 불편한 감정들을 먹는 것으로 대신하는 경우가 많다. 그 감정을 찾은 후에 감정에 대해 EFT 기법을 적용하면 된다. '나는 지금 (지금 내가 느끼는 감정) 때문에 자꾸 먹지만, 이런 나도 받아들이고 사랑합니다.', '(지금 내가 느끼는 감정) 때문에 먹는 것을 멈출 수가 없지만, 이런 나도 있는 그대로 받아들이고 사랑합니다.'라는 수용확언이 도움이 될 것이다.

2. 나만의 몸무게 연대기 만들기

만약 어느 순간 갑자기 체중이 급증한 경우라면, 몸무게 연대기를 만들어보는 것이 좋다. 체중이 급증하기 전후에는 큰 스트레스가 있기 마련이고, 이 스트레스를 피하기 위해 먹는 것을 선택하는 경우가 많기 때문이다. 체중 변화가 심했던 날을 중심으로 해당 날짜와 체중, 그 당시에 있었던 스트레스 사건을 기록해본다. 예를 들어 50kg에서 갑자기 55kg로 3개월만에 체중이 늘었다가 조정이 되다, 다시 1년에 60kg가 되었다면,

50kg – 정상 체중 / 55kg – 15년 8월 당시 남자친구와 이별 / 60kg – 17년 2월 이직

위와 같이 날짜와 해당 스트레스 사건을 기록해본다. 그리고 그 당시에 있었던 스트레스에 대해 4장의 EFT 영화관 기법을 이용하여 지우다보면, 과식과 폭식이 자연스럽게 줄어든 자신을 발견하게 될 것이다.

몸에 저장된 감정 해소하기

50대 여성이 왼쪽 팔꿈치 통증으로 고통받고 있었다. 왼쪽 손목을 꽉 쥐면 팔꿈치가 아픈 증상이었다. 처음에는 고통지수가 4.5 정도였고, EFT 기법을 1회 실시하니 2.5 정도로 감소하였지만, 그 후에는 큰 변화가 없었다.

좀 더 치료를 진행하기 위해 언제부터 팔꿈치가 아프기 시작했는지 추적했다. 환자는 옛날 기억을 바로 떠올렸다. 그날도 여느 날과 마찬가지로 버스를 탔다. 교통카드로 버스비를 내려고 하는데 갑자기 버스 기사가 브레이크를 밟았고, 순간 몸의 균형을 잃고 봉에 좌측 팔꿈치 부위를 꽝하고 부딪혔다. 그 순간 예전에 심장 수술을 했던 기억이 떠오르며, 자칫 심장에 충격이 갈까봐 덜컥 겁이 났다. 심지어 이틀 후, 정기 검진을 받으러 병원에 가서 버스에서 있었던 이야기를 했더니 담당 의사가 당장 검사를 하자고 했다. 혹시나 심장에 부담이 갔을 것을 염려해서였다. 결과적으로 심장에 이상은 없었지만, 당장 검사를 하자는 말에 덜컥 난 겁은 마음에 남아 있었다.

대개 사람들은 시간이 지나면 감정이 자연스럽게 해소된다고 생각한다. 그러나 지금 당장 느껴지지 않는다고 해서 감정이 해소된 것은 아니다. 우리가 지금 구구단을 떠올리고 있지 않다고 해서, 우리 무의식에 구구단에 대한 정보가 없는 것은 아니지 않은가? 수개월, 수년이 지나도 해소되지 않는 감정들은 몸에 저장되어 있다. 이 여성은 그 당시의 감정들에 대해 EFT 기법을 적용하자, 비로소 그 당시에 놀란 감정이 풀리면서 통증까지 없앨 수 있었다.

오랜 시간 신체적인 고통을 받다가 EFT 기법을 통해 고통에서 벗어난 사람들도 있다. EFT 특강을 갔을 때의 일이다. 서글서글한 인상의 한 농촌 지도자는 오른쪽 어깨뼈 부위가 아팠다. 곧 다시 일을 해야 하는데 어깨가 아픈 것이 마음에 걸렸다. 고통을 없애기 위해 EFT 기초 과정을 2회 실시했는데, 상담자는 오히려 더 아파했다.

간혹 EFT 기법을 적용하는 과정에서 일시적으로 불편함이 더 커지는 경우가 있다. EFT 기법을 따라 하는 동안 머릿속에 떠올랐던 것들이 문제의 본질과 가까울 때 종종 나타나는 반응이다. 이 상담자의 경우, 2년 전에 과수원에서 일을 많이 했던 때를 떠올렸다. 하루만에 혼자서 감나무 300그루의 감을 따려고 했던 때였다. 무리를 한 덕에 다음 날에는 팔이 퉁퉁 부었고, 그 후로 줄곧 한의원 치료를 받았다. 치료 덕분에 통증이 상대적으로 많이 사라졌지만 완전히 좋아지진 않았고, 또다시 아프게 될까 봐 걱정을 하는 상태였다. 그래서 다가올 1월에 일할 것을 상상시키고 그때 느껴지는 불안, 걱정, 피로감에 대해 EFT 기법을 적용해주었더니 통증이 거의 사라졌다.

EFT 기법에는 '몸과 대화하기'라는 방법이 있다. 아픈 부위를 의인화시켜서 몸의 아픔을 위로해주고 다독여주는 방법이다. 농촌 지도자의 경우에는 어깨를 의인화해 보았다. '어깨 날개야, 몸아, 미안해. 이때까지 네가 날 위해서 이렇게 열심히 일하는데도, 난 당연하다고 여기고 네가 고생할 것이라는 생각을 못했어. 널 계속 혹사시켰어. 미안해. 앞으로 네가 아프지 않게, 편안하고 기분 좋고 건강하게 지낼 수 있도록 약속할게. 고마워' 조금 남은 불편함은 이 방법을 응용해서 EFT를 해주었더니 완전히 사라졌다.

외부 강의를 갔을 때는 50대 중반쯤의 한 여성분이 가슴답답증을 호소해왔다. 언제부터 가슴이 답답했냐고 물었더니, "아마 혈압이 있다는 이야기를 들었을 때부터 인 것 같아요."라고 말했다. 그는 평소 알약 먹는 것을 무서워했다. 그 와중에 의사가 혈압은 평생 관리해야 할 질병이며, 약을 평생 먹어야 한다는 말을 하자 더 불안해졌다고 한다. 우리는 부지불식간에 해소되지 않은 감정들을 특정 부위에 저장하곤 한다. 이 여성은 그 감정을 가슴에 저장한 셈이다. EFT 기법으로 의사에게 들었던 말로 인한 불안감과 충격에 대한 감정을 다뤄주자, 그 자리에서 답답증이 사라졌다.

마음의 무게를 덜어내기

미순 씨는 눈을 뜨기만 하면 모래가 들어간 것처럼 아팠다. 안과를 가봤지만 특별한 이상은 발견할 수 없었다. 특별한 구조적, 기질적 문제가 없는데도 병이 발생한 것은 심인성 질환일 가능성이 높다. 그녀에게 언제부터 이렇게 눈과 허리가 아프기 시작했는지 물었다.

미순 씨의 남편은 술만 마시면 아내를 때렸다. 미순 씨는 남편 곁을 떠나고 싶었지만, 경제적 문제와 아들 때문에 참고 또 참았다. 그러나 아들이 중학생이 되던 해, 더 이상 미순 씨는 남편의 폭력을 견디지 못하고 집을 도망쳐 나왔다. 아들까지 데리고 나올 수는 없었는데, 이것이 미순 씨에게는 너무나 고통스러운 일이었다. 미순 씨가 사라졌다는 것을 안 남편이 아들을 가만두지 않으리라는 것을 너무나 잘 알았기 때문이었다.

미순 씨는 그 생각을 하면 너무나 괴로워 자신의 몸을 한시도 가만히 두질 않았다. 24시간 식당에서 쉬지 않고 일을 했다. 차라리 몸이 고된 게 마음이 고된 것보다 나았다. 허리가 아프기 시작한 것도 그즈음이었다.

그러던 어느 날, 남편이 없는 시간에 용기를 내어 집에 전화를 했다. 아들은 "엄마! 제발 나 좀 데려가요!"라고 울음을 터트리며 사정했다. 하지만 아직 단칸방 하나 구하지 못하고 식당에서 일을 하며 생활을 하고 있던 미순 씨는 그런 아들을 당장 데리고 나올 수가 없었다. 일을 할 때마다 아들이 눈에 어른거렸다. 아들을 데리고 나오지 못해서, 경제적으로 유능하지 못해 아들을 도와줄 수 없어서 그녀는 너무나 미안하고 또 미안했다. 그때부터 그녀의 눈은 이유 없이 아프기 시작했다.

죄책감은 아주 무거운 감정이라, 자신의 잘못된 행동의 벌로 자신을 괴롭히고 파괴해도 된다고 착각하게 만든다. 특히 미순 씨처럼 어쩔 수 없는 상황이었지만, 그 대상이 자식이라면 그 죄책감은 더욱더 클 것이다. 하지만 이럴 때일수록 좀 더 객관적으로 자신의 마음을 바라볼 필요가 있다.

이 죄책감은 누구를 위한 감정일까? 자신을 데리고 가지 않은 것에 대해 아들은 서운해하고 원망할 수도 있지만, 엄마가 자신에 대한 죄책감으로 눈도 제대로 뜨지 못하면 아들은 기쁠까? 또한 미경 씨가 그 죄책감을 느낀다고 해서, 아들을 데리고 나올 만한 경제적 기반을 더 잘 만들 수 있을까? 아닐 것이다. 미경 씨는 상담을 통해서 아들이 바라는 것이 자신의 아픔이 아니라는 것을 알아차리면서, 자신의 죄책감을 조금씩 내려놓을 수 있었고, 그제야 눈을 편안하게 뜰 수 있게 되었다.

몸에 새겨진 기억의 고통 지우기

1. 몸의 증상 자체에 대해 EFT 하기

일반적으로 몸이 아픈 증상 자체에 대해 EFT 기법을 적용하면 금방 효과가 나타나는 경우가 많다. 왼쪽 무릎이 쿡쿡 쑤시듯이 아프다면, '나는 비록 왼쪽 무릎이 쿡쿡 쑤시듯이 아프지만, 이런 나도 받아들이고 사랑합니다.'와 같은 수용 확언을 사용하는 것이 좋다.

2. 증상에 대해 느끼는 반응 즉, 감정, 생각 등에 대해 EFT 하기

신체 증상에 대해 어떤 생각이나 감정이 느껴지는지를 살펴보라. 몸이 불편하니 어떤 생각과 감정이 드는가? 빨리 낫지 않아서 짜증나고 조급한가? 이러다 병이 낫지 않을까 하는 불안감이 엄습하는가? 다양한 질문을 통해 떠오르는 생각과 감정에 대해 EFT 기법을 적용하면 몸의 불편함이 사라지는 경우가 많다.

3. 증상과 관련된 사건, 기억에 대해 EFT 하기

한 60대 여성은 소화가 잘 되지 않아 불편을 겪고 있었다. 이틀 전 아침 식사를 하면서 노총각 아들과 심하게 다투었는데, 그때 먹었던 것이 내려가지 않는다고 했다. 이는 스트레스로 인한 식체 증상이었다. EFT 기법을 통해 아들과 다퉜던 기억을 지웠고, 그제야 속이 편안해졌다.

몸이 아프기 시작한 전후에 받았던 스트레스가 증상의 원인이 되기도 한다. 몸이 아프기 시작한 전후에 스트레스 받은 일을 EFT 기법에 적용해보라. 그 일이 기억나지 않는다면 증상이 악화될 때, 그 당시 전후로 받은 스트레스에 대해 EFT 기법을 적용하는 것도 좋다. 이 외에도 몸이 아프면서 부수적으로 발생하는 부정적인 기억을 지워야 할 때도 있다. 예를 들어, 교통사고를 당해 몸이 너무나 아픈데도 남편이 자신을 돌봐주지 않아 마음에 상처를 받은 경험이 있다면 그 기억과 감정도 함께 지워야 한다.

4. 권위자들의 말, 정보 등을 통해 얻게 된, '쉽게 낫지 못한다.' 등 치료에 방해가 되는 제한적인 생각에 대해 EFT 하기

때로는 의료인들의 말과 통계적 지식이 치료의 가능성을 앗아가기도 한다. 소뇌위축증을 진단 받은 A씨도 그랬다. A씨의 담당의사는 CT 사진을 보여주며 "소뇌위축증입니다. 이렇게 평생 사셔야 합니다."라고 말했다고 한다. 물론 A씨의 기억에 근거를 한 것이니 A씨의 담당의사가 꼭 그렇게 말하진 않았을 수도 있다. 그러나 A씨는 그 상황을 그렇게 기억했고, 그로 인해 나을 수 있을 것이라는 희망 자체도 접었다.

지팡이나 지지대가 없으면 의자에서 제대로 일어나지도 못했던 A씨와 첫 상담에서 EFT 기법을 적용한 부분은 '진단을 받았을 때 느꼈던 고통'에 대한 것이었다. 이 치료 후 A씨는 놀랍게도 더디지만 혼자 힘으로 일어서기 시작했다. 물론 A씨가 이 기억을 지웠다고 해서 병이 다 나은 것은 아니었다. A씨에게는 산재한 문제들이 많았다. 그러나 A씨가 지닌 상처들이 조금씩 지워지자, A씨는 예전보다 쉽게 서 있고 더 많이 걸을 수 있게 되었다.

EFT 기법에서는 '나을 수 없다', '치료가 힘들다'고 여기게 만든 기억을 지우는 것도 병을 고치는 방법 중 하나이다. 무조건 나을 수 있다는 무모한 희망도 독이 될 수 있지만, 반대로 나을 수 있다는 희망을 꺾는 것도 문제가 될 수 있다. 희망은 가능성, 기회, 기적을 믿는다. 권위자들의 '나을 수 없다'는 말에 대해 EFT 기법을 적용하는 것은 그 가능성과 기회, 기적을 만드는 준비 단계이다.

이 외에도 성격적 특성, 외상, 기질적 요인으로 인해서도 병이 생기기도 하지만, 대개 위의 네 가지 방법으로 접근하면 몸이 지닌 부정적인 기억을 지우고 건강을 되찾을 수 있다. 단, 당뇨병, 고혈압 등 심신의 질환에 대해 직접 EFT 기법을 적용할 때는 개인의 판단에 따라 약 복용을 멈추기보다는, 의료인의 관리하에 적용하는 것이 반드시 필요하다.

4

나쁜
기억
지우개
EFT

말하고 두드려라,
EFT 기법 배우기

0. 나쁜 기억 지우개, EFT란 무엇인가?

과학의 발달로 인해 몇 년 후에는 부정적인 기억과 감정을 지우는 약이 발명될지도 모른다. 하지만 아쉽게도 지금은 그 약이 없기 때문에 원치 않는 감정과 기억으로부터 스스로 자유로워지는 방법을 배워야 한다.

EFT는 Emotional Freedom Technique(정서자유기법)의 약자로, 이름 그대로 원치 않는 감정과 기억을 해소하는 방법이다. 한의학과 심리학을 결합한 경락 기반 심리 치료법으로, 없애고 싶은 정서적인 문제를 주어진 형식에 맞게 표현하면서(심리학) 동시에 경혈을 두드린다(한의학). 어떻게 이것이 가능할까?

천 년 전에도, 천오백 년 전에도 화병과 우울증이 있었고, 사랑하는 이에 대한 그리움으로 상사병에 걸리기도 했다. 실제로 과거 의사들의 치료 기록인 『의안醫案』에는 남편이 장사를 하러 나간 지 2년이 되어도 집에 들어오지 않자 밥도 먹지 못하고 괴로워하며 누워만 있으려고 하는 부인의 이야기가 있다. 지금이라면 부인에게 우울증 약을 처방할 수 있지만, 그 당시에는 어떻게 치료했을까? 중국 금·원나라 때의 의원 주단계朱丹溪 선생이 그 부인을 진찰했다. 그러고는 "생각 때문에 기가 막힌 것이라 약만으로 치료하긴 어렵고 기쁜 일이 있어야 풀릴 것이다."고 말하며, 한약과 상담 치료를 병행해서 낫게 했다. 한의학적 관점과 방법으로 마음의 병도 치료한 것이다.

이러한 한의학적 원리를 이용한 EFT 기법은 현재 35개국의 600만 명 이상이 사용하고 있다. 책 서두에서도 밝혔듯이, 불안과 악몽, 원치 않는 생각의 되새김, 충동성 등의 문제로 일상과 사회생활이 힘든 PTSD 환자들에게도 놀라운 효과를 보인다.

최근에는 세계적으로 그 수가 늘고 있는 화병 환자들에게도 효과가 있음이 입증되었다. 2015년 〈Evidence-based complementary and alternative medicined〉에 실린 화병 연구 논문*을 살펴보면, 4주간 27명의 화병 환자들을 대상으로 15명에게는 EFT 기법을, 12명에게는 점진적 근육이완법을 실시했다. 그 결과 EFT 기법이 점진적 이완 프로그램보다 불안, 분노, 신체 증상, 화병 증상에서 더 치료 효과가 좋았으며, 그 효과가 더 오래 지속되는 것으로 나타났다.

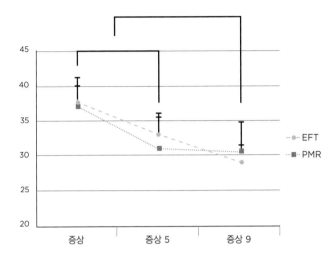

EFT 기법의 핵심은 언어적 표현을 통한 심리 치료와 마음을 편안하게 해주는 혈자리 자극이다. 이를 위해 EFT 기법은 문제 확인, 수용확언과 연상어구를 표현하는 준비 단계, 연속 두드리기, 뇌조율 과정, 연속 두드리기, 조정 과정을 거친다.

* 서진우, 정선용, 김상영, 이정환, 김종우, "Anxiety and Anger Symptoms in Hwabyung Patients Improved More following 4 Weeks of the Emotional Freedom Technique Program Compared to the Progressive Muscle Relaxation Program: A Randomized Controlled Trial", Evidence-based complementary and alternative medicined, 2015.

1. 문제 확인 : 어떤 문제를 해결하고 싶은가?

해결하고 싶은 증상을 먼저 생각해보자. 심리적 문제이든 신체적 증상이든 무관하다. EFT 기법을 통해 무엇을 해결하고 싶은지 구체적으로 생각해보자. 신체적 증상에 관한 것일 경우 '편두통이 있다', '머리가 아프다'와 같은 증상보다는 구체적으로 아픈 부위와 그때의

심리적 문제 확인의 예

지우고 싶은 기억	감정
지난주 월요일, 상사가 사람들 앞에서 '왜 일을 이따 식으로 해'라고 소리치며 면박을 주었다.	화가 나고, 억울하고, 굴욕적이고 수치스러웠나.

신체적 증상과 관련된 문제 확인의 예

지우고 싶은 기억

· 왼쪽 머리가 바늘로 콕콕 찌르듯이 아프다.
· 오른쪽 어깨가 쑤시듯이 아프다.

느낌에 대해 표현하는 것이 좋다.

언젠가 청소년들을 대상으로 '알고 있는 감정 단어를 모두 말해보라.' 했더니 20가지가 채 안 되었다. 이는 어른들도 마찬가지이다. 단어의 의미는 알지만, 자신의 감정을 다양한 감정 단어로 거의 표현하지 않다 보니 단어를 활용하지 못한다. 화가 나도, 불안해도, 외로워도, 창피해도 '짜증 난다.'라는 하나의 감정 단어로 표현한다. 결과적으로 꽤 많은 사람들은 현재 자신이 진짜 느끼고 있는 감정을 알아차리지 못한다. 다음과 같은 감정 단어 목록을 활용하면 좀 더 쉽게 자신의 상태를 인식할 수 있다.

감정 단어 목록

화, 분개, 격분, 증오, 격노, 혐오, 적개심, 복수심, 약 오르는, 울화가 치미는, 짜증나는, 불안, 놀람, 공포, 충격, 두려움, 섬뜩함, 당혹, 황당, 걱정, 혼란, 염려, 좌절감, 의기소침, 언짢음, 우울함, 침울함, 외로움, 공허함, 허전함, 허탈함, 서운함, 서러움, 야속함, 슬픔, 비통함, 낙담, 자기혐오, 죄책감, 무기력, 무력함, 암담함, 답답함, 갑갑함, 뒤숭숭함, 힘듦, 무료함, 지침, 지겨움, 멍함, 창피함, 그리움, 목이 멤, 조바심, 떨림, 안절부절못함, 괴로움, 난처함, 창피함, 수치스러운

감정, 말, 행동, 생각, 오감 등 여러 양상이 모여 하나의 기억이 된다.

기억의 조각들 - 양상

　문제 확인을 잘 하기 위해서는 양상樣相의 개념을 아는 것이 좋다. 대개 사람들은 스트레스를 받으면 한 가지 이상의 자극과 한 가지 이상의 불편한 반응을 느끼는데, 이 각각의 요소를 양상이라고 한다. 예를 들어 어린 시절 부모님께 혼이 났던 일을 기억해보자. 대개 엄마 또는 아빠가 매서운 눈빛을 하고 큰 목소리로 화를 내는 모습이 떠오를 것이다. 또한 그때 들었던 말이나 부모님께 맞았던 기억도 같이 떠올리게 된다. 엄마 또는 아빠의 매서운 눈빛, 화를 내는 큰 목소리, 그 당시에 들었던 비난의 메시지, 때리고 맞는 행위 각각이 모두 양상이다. 즉, 기억을 떠올릴 때 우리가 인식하는 감정, 말, 행동, 생각, 오감五感, 시간, 공간 등이 모두 양상이다.

138

어떤 양상들은 그림을 보는 것처럼 바로 드러나지만, 어떤 양상들은 숨겨져 있다. 어린 시절, 자신이 잘못한 것보다 더 크게 혼이 난 경험이 있을 것이다. 부모가 적절한 처벌을 내리지 않았다는 사실을 어렴풋이 안 아이들은 실수와 잘못에서 벗어나기는커녕 오히려 더 큰 상처를 받는다. 우선 아이들은 양육자에게서 일차적으로 언어적, 행동적 폭력에 대한 두려움과 공포를 느낀다. 그 두려움이 조금 가시면 억울함과 서운함을 느낀다. 어떤 아이들은 부모에게 사랑받지 못할 것 같은 큰 두려움을 느끼기도 한다. 이러한 감정 양상들은 일차적인 두려움이 잠잠해져야 비로소 그 모습을 드러내기도 한다.

어느 특정 기억과 관련된 양상은 EFT 기법을 통해 전혀 다른 기억으로 탈바꿈하기도 한다. 기억과 관련된 양상 중 5~15개 정도의 양상에 EFT 기법을 적용하면 그 기억으로부터 자유로워질 수 있는데, 이를 EFT 기법에서는 일반화 효과라고 한다.

양상을 세분화하여 인식하는 것은 EFT 기법의 효과를 높이는 데 중요하다. 활을 아무리 잘 쏜다고 해서 동시에 10개 이상의 화살을 과녁의 정중앙에 쏠 수는 없다. EFT 기법이 감정 조절을 도와주는 훌륭한 도구이지만, 여러 가지 양상들을 동시에 모두 해결할 순 없다는 의미이다. 그러나 양상을 하나씩 다루다보면 결국 모든 문제들을 해결할 수 있다.

두려움을 느끼게 했던 서슬 퍼런 칼, 노려보는 눈, 소름끼치는 목소리가 차례로 사라진다고 가정해보자. 마지막 그림에서도 여전히 두려움이 느껴질까? 양상의 변화는 기억에 대한 판단까지 바꾼다.

고통의 무게 – 주관적 고통지수 측정하기

바로 당신 앞에 마약성 진통제로도 통증이 가라앉지 않는 암환자가 있다고 가정해보자. 어쩌면 그 통증에 비해 지금 당신 친구의 편두통은 그다지 큰 고통이 아닐지도 모른다. 하지만 친구의 입장에서는 어떨까? 머리로는 '저 사람이 나보다 더 아프겠다.'고 생각할 수 있지만, 그의 고통이 직접적으로 느껴지지 않는 한, 자신이 느끼는 고통이 훨씬 더 실제적이고 더 불편하다. 타인의 고통을 우리가 오롯이 이해하고 느끼기는 어렵다.

여기서 다시 한번 '주관적'이라는 개념을 살펴볼 필요가 있다. 고통에서 중요한 것은 바로 '나'이다. 남들이 보기엔 아주 사소해서 '뭐 그런 걸 가지고 힘들어하냐?'고 한들, 내가 힘들면 힘든 것이고, 아무리 심각한 일이라도 내가 안 힘들다고 하면 힘들지 않은 일이다. 고통은 본디 주관적인 것이다.

나쁜 기억을 떠올렸을 때 각 양상별로 얼마나 불편하고 힘든지 '자신의 입장'에서 생각해보자. '0' 상태는 평온하고 기분이 좋은 상태이고, '10' 상태는 견디기 힘들 정도로 고통스러운 상태이다.

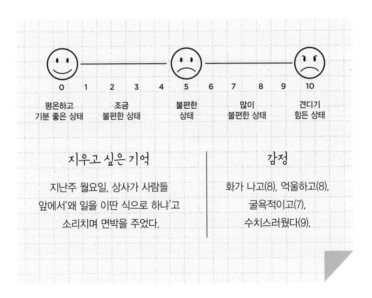

고통지수 중 '0' 상태는 정서적으로 안정감이 느껴지고, 몸은 이완되어 편안한 상태이다. 통증이 있던 경우라면 아프지 않고 완전히 편안한 상태이다. 간혹 이 '0' 상태를 느끼지 못하는 사람들이 있다. 성장하면서 심각한 가정폭력에 시달렸거나, 성폭행, 가까운 사람들의 죽음 등을 목격하면서 정신적인 충격을 강하게 받은 경우에는 '0' 상태의 느낌 자체를 알지 못할 수도 있다. 심지어 편안한 것을 오히려 불안하고 이상하게 느끼기도 한다. 그런 경우에는 EFT 기법 전문가나 의료인의 도움이 절대적으로 필요하다.

2. 준비 단계 : 나에게 맞는 수용확언은 무엇인가?

준비 단계에서는 자신을 괴롭히는 감정을 마주하고 혈자리를 두드린다. 수행 방법 자체는 어렵지 않지만, 간단히 넘어갈 단계는 아니다. 변화를 위해서 자신의 불편함을 인식하고 인정해야 하는 어려운 과제를 수행해야 하기 때문이다. 이를 위한 첫 단계가 바로 '수용확언'이다. 수용확언은 문제를 인식하고 인정하는 전반부와, 그러한 문제를 갖고 있는 자신을 수용하고 받아들이는 후반부로 이루어져 있다.

수용확언 기본 형식

나는 비록 _____ (문제)_____를 가지고 있지만,
마음속 깊이 진심으로 나 자신을 받아들이고 사랑합니다.

수용확언의 예

· 나는 비록 훈련소에서 처음으로 기합을 받았던 생각을 하면 아직도 두렵지만, 마음속 깊이 진심으로 나 자신을 받아들이고 사랑합니다.

· 나는 비록 초등학교 5학년 때 도자기를 깼다고 아버지가 큰소리로 화 내셨을 때를 생각하면 무섭고 두렵지만, 마음속 깊이 진심으로 나 자신을 받아들이고 사랑합니다.

· 나는 비록 작년 수능 시험을 망친 걸 생각하면 절망감이 느껴지지만, 마음속 깊이 진심으로 나 자신을 받아들이고 사랑합니다.

많은 영성 지도자들은 모든 문제의 답이자 치유의 핵심으로 '사랑'을 꼽는다. 수용확언의 핵심 또한 그와 관련된 '자기 수용'과 '자기 사랑'이다. 국내외 연구에 따르면 자기 수용을 잘하는 사람들은 행복도와 삶의 만족도가 높을 뿐 아니라 스트레스를 받아도 정서적 회복 능력이 뛰어나다. 반면 자기 수용을 잘 못하는 사람들은 수치심,

죄책감, 높은 긴장 등을 쉽게 느끼며, 통제되지 않는 불안, 우울 등을 겪곤 한다. 이 때문에 자기 수용은 심리 치료와 마음챙김 명상MBSR, Mindfulness Based Stress Reduction program의 주요 요소이기도 하다.

수용확언은 단순히 말하는 과정이 아니다. 머리가 아닌 가슴으로, 자신의 아픔과 그런 자신을 있는 그대로 받아들이는 것이다. 하지만 상처가 깊고, 특히 자존감이 많이 떨어진 상태에서는 가슴은커녕 이 말을 입에 담는 것조차 불편하거나 힘이 들 수도 있다. 문화적으로 '사랑한다.'는 말이 낯설고 어색하기 때문일 수도 있고, 자신의 아픔을 받아들이면 그 아픔 속으로 빠져버릴 것 같은 두려움 때문일 수도 있다. 혹은 자신이 인정, 사랑 받을 자격이 없다고 생각하는 경우도 있다. 이렇게 자존감이 낮은 경우에는 자존감을 높이기 위해서라도, 자신의 상태에 맞게 수용확언을 변경해도 된다. '자기 수용과 사랑'의 의미를 내포하기만 한다면 수용확언 후반부는 변경해서 사용할 수 있다.

수용확언 기본 형식

나는 비록 _____(문제)_____를 가지고 있지만,
마음속 깊이 진심으로 나 자신을 받아들이고 사랑합니다.

자신에게 맞는 수용확언을 정리했으면, 수용확언을 되뇌며 혈자리를 두드린다. 손날타점, 가슴압통점을 문지르면 된다. 손날타점과 가슴압통점 중 편한 부위를 하나 선택하면 되고, 지압하는 방향은 크게 상관없다. 오른쪽 손날타점을 두드리든 왼쪽 손날타점을 두드리든 상관없으며, 가슴압통점의 경우 양쪽을 모두 문질러도 상관없다.

손날타점

가슴압통점

자기 수용이란? 있는 그대로 받아들이고 사랑합니다

수용확언을 통한 자기 수용이 변화에 중요한 요소라고 하지만, 여전히 자기 수용의 개념은 막연하게 느껴질 수 있다. '닉 부이치치Nick Vujicic'의 사연은 막연하게만 느껴지는 자기 수용을 자신의 삶을 통해 잘 보여주고 있다. 닉은 세계적으로 유명한 희망 전도사로, 2010년에는 한국에도 방문을 했다. 닉이 희망 전도사로 유명해진 것은 다른 이유도 있겠지만 팔과 다리가 없이 태어났다는 점도 일조를 했다.

닉은 어린 시절부터 긍정적이고 밝은 아이는 아니었다. 점점 성장하면서 자신의 선천성 기형을 받아들이는 것은 닉에게 너무나 괴로운 일이었다. 희망이 아닌 절망을, 삶이 아닌 죽음을 꿈꾸며 살 정도로 고통스러운 날을 보냈다. 그리고 어느 날 어린 닉은 정말 죽기로 마음을 먹었다. 팔다리가 없으니 물이 가득 담긴 욕조 하나면 자살 준비는 끝이었다. 닉은 잠시 머뭇거렸지만 이내 곧 자신의 고통스러운 삶을 마감하기 위해 물속에 자신의 몸을 맡겼다.

'드디어 죽는구나.' 그러나 그 순간 닉의 머릿속에 자신의 죽음을 애도하고 죄책감을 느낄 가족의 모습이 떠올랐다. 바로 그 순간 '살아야 한다.'는 생각이 들었고, 결국 삶을 선택했다. 물론 쉬운 결정은 아니었다. 닉에게 있어 삶을 연장한다는 것은 선천성 기형인 상태로 남은 삶을 살아야 한다는 것이었다. 하지만 그때부터 닉은 변화하기 시작했다. 가족과 신에 대한 믿음으로 자신을 있는 그대로 받아들이기 시작했다. 그 결과 닉은 희망 전도사로 다시 태어날 수 있었다. 참된 자기 수용은 평온한 상황보다 오히려 문제 상황에서 극명하게 드러난다.

"전 아무렇지 않아요. 포기했거든요!" 자신을 힘들게 하는 상황에 대해서 체념할 때 사람들은 큰 감정적 반응을 일으키지 않는다. 그래서 혹자는 포기와 체념을 자기 수용과 착각하기도 한다. 그러나 참된 자기 수용은 체념과 포기를 의미하지 않는다.

닉은 여전히 신께 팔과 다리를 주십사 기도를 한다. 그는 자신의 꿈과 희망을 포기하지 않는다. 그렇다고 해서 신께서 팔과 다리를 주지 않는다고 원망하지도 않는다. 주어진 삶에 감사하며 살아간다. 이것이야말로 바로 진정한 자기 수용이다. 문제가 해결되어야만 받아들이고, 내가 원하는 상태가 되어야만 사랑하겠다는 조건부 수용이나 조건부 사랑이 아니다. 문제 해결 여부나, 현재 상태가 좋고 나쁨을 떠나 있는 그대로 인정하고 사랑할 수 있는 것이 바로 자기 수용이다.

3. 연속 두드리기 : 두드릴 때마다 양상들이 사라진다

말 그대로 신체의 경혈經穴을 연속적으로 두드리는 과정이다. 눈썹부터 손날타점까지 총 13곳의 경혈을 순서대로 두드린다. 공부를 할 때도 집중하는 것이 중요한 것처럼, 치유의 과정에서도 집중은 중요하다. 이를 돕기 위해 '연상어구'를 말한다. 연상어구를 통해 경혈을 두드리면서 문제 상황을 떠올리고, 불편한 증상에 집중할 수 있다. 연상어구를 만드는 방법은 간단하다. 문제의 구성 요소, 즉 기억을 떠올릴 때 우리가 인식하는 감정, 말, 행동, 생각, 오감五感, 시간, 공간 등 양상 자체가 연상어구이다.

문제 확인
훈련소에서 처음으로 기합을 받았던 생각을 하기만 해도 두렵다.

연상어구
· 낯선 훈련소 환경
· 교관의 매서운 눈빛
· 힘들었던 기합
· 기합을 받았던 생각
· 두려움

문제 확인
작년 수능 시험을 망친 걸 생각하면 절망감이 느껴진다.

연상어구
· 긴장감이 흐르는 수험장
· 시험 문제
· 시험을 망친 것
· 시험을 망친 걸 생각하면 느껴지는 절망감
· 절망감

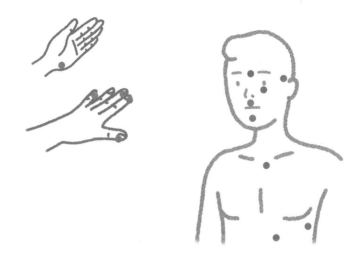

 혈자리의 위치는 눈썹 - 눈옆 - 눈밑 - 코밑 - 입술 아래 - 쇄골 -
겨드랑이 - 명치 옆 - 엄지 - 검지 - 중지 - 소지 - 손날이다. 하나의
혈자리마다 5~10회 정도, 평균 7회 정도 두드린다. 혈자리의 순서는
외우기 쉽게 위에서 아래 방향으로 흐름을 만든 것뿐이지, 아래에서
위 방향으로 두드려도 무방하다. 타점을 한두 군데 빠뜨려도 괜찮다.
다음번에 추가적으로 두드리면 되니, 편안하게 생각해도 좋다. 단,
EFT 기법은 지압이나 마사지가 아니므로, 부드럽고 가볍게 두드려
줘도 충분한 효과가 있다. 간혹 강하게 자극을 주면 더 효과가 있을
것이라는 생각에 세게 두드리는 사람들이 있는데, 그렇게 한다고 해
서 효과가 더 커지진 않는다. 그저 몸에 멍 자국이 늘 뿐이다.

4. 뇌조율 과정 : 손등을 두드려보자

뇌조율 과정은 '안구 운동 민감 소실 및 재처리 요법'EMDR, Eye Movement Desensitization and Reprocessing을 차용한 방법이다. 쉽게 말하면 안구 운동을 통해서 불안, 스트레스 등을 완화하는 치료법이다.

다음 날 중요한 발표나 시험을 앞두고 악몽을 꾸는 경우가 있다. 사람들은 잠, 꿈을 통해서 그날 있었던 정서적 스트레스를 정리하는데, 이때 사람들은 렘REM수면 상태에 있다. 깨어 있는 것에 가까운 얕은 잠을 자며 눈동자를 빠른 속도로 움직이기도 하는 상태이다. EMDR은 이러한 렘수면의 원리를 이용하여, 의도적으로 우리를 힘들게 했던 기억에 집중해서 스트레스를 완화한다. EFT 기법의 뇌조율 과정은 안구 운동과 함께 손등점도 두드리면서 스트레스 완화 효과를 더 높인다. 구체적인 방법은 다음과 같다.

뇌조율 과정은 EFT 기법을 활용한 치료 초기에 1~2회 정도 사용하지만, 이후에는 생략도 가능하다. 초보자들이나 고통지수의 변화가 없는 경우에는 뇌조율 과정을 포함하는 것이 좋다.

① 눈을 감는다. ② 눈을 뜬다. ③ 머리는 움직이지 말고 눈동자만 움직여서 최대한 빨리 오른쪽 아래를 본다. ④ 머리는 움직이지 말고 눈동자만 움직여서 최대한 빨리 왼쪽 아래를 본다. ⑤ 머리는 움직이지 말고 눈동자를 시계 방향으로 크게 돌린다. ⑥ 머리는 움직이지 말고 눈동자를 반시계 방향으로 크게 돌린다. ⑦ 약 2초 정도 '생일 축하합니다' 노래를 콧노래로 부른다. 밝은 노래 중 자신이 좋아하는 곡을 불러도 좋다. ⑧ 1부터 5까지 빨리 숫자를 센다. ⑨ 다시 2초간 ⑦과정을 반복한다.

5. 연속 두드리기

147쪽의 연속 두드리기 과정을 한 번 더 반복한다.

'문제 확인 – 준비 단계 – 연속 두드리기 – 뇌조율 과정 – 연속 두드리기'를 순서대로 하면, 드디어 EFT 기본 과정을 1회 한 것이다. 처음에는 수용확언과 연상어구의 말을 만드는 것도 어색하고, 혈자리 위치도 익숙하지 않아서 1회를 하는 데 시간이 걸리지만, 익숙해지면 1회를 하는 데 채 1분도 걸리지 않는다.

6. 조정 과정

EFT 기법을 1회 하고 난 후, 처음에 적었던 불편함이 어떻게 변했는지 살펴보는 과정이다. 불편했던 마음이나 기억을 대하는 데 변화가 없다면 문제를 좀 더 구체적으로 확인해야 한다. 예를 들면 '상사를 보면 짜증 난다.'는 말보다는, '엊그제 자기는 일도 안 하면서, 나에게 일을 안 한다고 말해서 짜증 난다.'처럼 좀 더 문제를 구체적으로 확인한 후 수용확언을 수정하여 EFT 기법을 실시한다.

EFT 기본 과정을 1회 하는 동안 고통지수는 적어도 1단계, 많게는 7~8단계가 줄어든다. 부분적으로 효과가 있고, 고통지수가 1이라도 남아 있으면 '나는 비록 여전히 ＿＿＿＿＿ 하지만, 마음 속 깊이 진심으로 나 자신을 이해하고 받아들입니다.'로 수용확언을 변경하여 EFT 기본 과정을 반복한다. 고통지수가 0이 되었다면 신체적, 심리적 문제가 완전히 편안해진 상태이다.

대다수의 경우가 EFT 기법을 통해 고통을 해결하지만, 간혹 EFT 기법을 하는 과정에서 'EFT의 부작용인가?'라는 생각을 문득 떠올리는 사람들도 있다. EFT 기법을 수행하다 보면, 처음에 느낀 감정의 정도보다 더 강렬한 감정을 느낄 때가 있기 때문이다. 대개 사람들은 강도 높은 스트레스를 받으면 그 감정이나 느낌을 억압한다. 실제로 느낀 스트레스 정도가 8~9단계더라도, 최소 2~3단계 이상은 더 적게 인식하는 것이다. EFT 기본 과정 수행 시, 자신도 모르게 억압했던 것들이 사라지고 원래의 감정들을 고스란히 느낀다. 갑작스럽게 극대화된 감정을 겪다 보니 사람들은 이 상태를 EFT 기법의 부작용으로 여기기도 한다. 하지만 이때 멈추지 않고 추가적으로 EFT 기법을 수행하면 감정들이 풀리고, 마침내 아무리 그 기억을 떠올려도 편안해지는 상태가 된다. EFT 기법을 할 때, 두드리는 횟수나 시간이 따로 정해진 것이 아니므로, 마음이 편안해질 때까지 이 과정을 충분히 반복하는 것이 좋다.

기억을 지우는 지름길,
EFT 기법 활용하기

산후우울증을 앓고 있던 30대 중반의 한 여성은 '베란다에서 떨어져 죽고 싶다.'고 생각하는 자신을 발견하고는 깜짝 놀랐다. 아기를 생각해서라도 그러면 안 된다고 마음을 먹었지만, 왜 자꾸 부정적인 생각이 드는지 무섭고 막막했다.

"○○ 씨, 요즘 힘든 일 있어? 표정도 안 좋고, 왜 이렇게 부정적으로 말을 해?"라는 동료의 말에 ○○ 씨는 그제야 자신의 상태를 알아차렸다. 힘들었지만 겉으로 내색하지 않으려고 했고, 힘든 일은 생각하지 않으려고 했다. 그러나 자신도 모르게 부정적으로 생각하고 이를 고스란히 표현한 것이다.

부정적인 생각을 하는 것 자체가 문제는 아니다. 그러나 그 생각들은 꼬리에 꼬리를 물어 부정적인 감정과 생각들을 증폭시키기에 빠르게 처치해야 한다. 하지만 부정적인 생각을 소위 '의지'만으로 멈출 수 없다. 생각 안에는 감정이 내포되어 있고, 부정적인 생각은 힘이 세기 때문이다.

대개 하나의 생각 안에는 최소 1개 이상의 감정이 들어 있다. '저 사람은 왜 저렇게 일을 못하지?'라는 생각을 예로 들어보자. 해야 할 일들이 많고 일손이 부족한 상황에서 누군가가 일을 잘 못하는 상황이라면, 저 생각과 함께 짜증, 불만과 같은 부정적인 감정이 느껴질 것이다. 하지만 평소에 나와 친하고 좋아하는 사람이 갑자기 일을 잘 못하는 모습을 본다면, 저 생각과 함께 혹시나 그 사람에게 힘든 일이 있는 것은 아닌지 걱정이 될 수도 있다. 감정은 주관적인 것이기 때문에 같은 생각이라도 여러 감정들이 포함되어 있다. 아무리 이성적인 사람이라도 무의식, 감정의 지배를 받는 존재이니만큼, 부정적인 감정을 해소하지 않으면 생각 역시도 쉽게 바뀌지 않는다.

부정적인 생각 하나는 긍정적인 생각 하나로 상쇄되지 않는다. 대개 '5배의 법칙'이라고 부르는데, 하나의 부정적인 생각을 상쇄하기 위해서 최소 5번 이상의 긍정적인 생각이 필요하다. 이에 더해 부정적인 생각은 확산 속도가 빠르기 때문에 긍정적인 생각으로 부정적인 생각을 상쇄하는 데는 많은 노력이 필요하다. 사람들이 긍정적인 생각(확언)을 통해 삶의 문제를 치유할 수 있도록 도왔던 세계적인 영성 지도자 루이스 L. 헤이Louise L. Hay는 하루에 최소 3,000~4,000번 정도 자신에게 필요한 긍정적인 생각을 하라고 했다.

긍정적인 생각으로 부정적인 생각을 없애는 것은 의지와 시간이 많이 필요하므로, 우리는 지름길을 선택할 필요가 있다. 우리는 앞서 EFT 기법이 부정적인 감정을 풀어주고, 이를 통해 부정적인 생각을 멈추게 하는 것을 보았다. EFT를 활용하여 부정적인 생각에 깃든 감정을 해소하면, 그 생각을 좀 더 빠르고 효율적으로 지울 수 있다.

단, 사람마다 부정적인 생각, 그 생각에 깃든 부정적인 감정의 종류와 정도가 모두 다를 수 있다는 점에서 착안하여, 다음과 같이 접근 방식을 나누었다. 1) 부정적인 생각, 2) 부정적인 생각에 대한 반응, 3) 특정 생각을 가지도록 만든 기억을 비롯하여, 4) 나쁜 기억을 지우는 영화관 기법에 대해서 살펴볼 것이다.

그에 잎시, 똑같은 생각이라도 사람에 따라 EFT 기법을 적용해야 할 횟수가 다르다는 사실을 알아야 한다. 평소에는 자신에게 주어진 일을 부지런하게 하던 사람이 한두 번 늑장을 부리고 '내가 요즘 왜 이렇게 게을러졌지?'라고 생각하는 것과 어린 시절부터 주변 사람들에게 "넌 왜 이렇게 게을러!"라는 말을 줄곧 들어온 사람이 '난 게으르다.'고 생각하는 것을 가정해보자. 이 두 사람이 '난 게으르다'는 생각과 그에 따른 감정을 긍정적으로 바꾸는 속도는 다를 수밖에 없다. 후자의 경우에는 전자보다 충분한 반복이 필요할 것이다.

0. 문제 확인 및 주관적 신뢰 척도

생각과 그에 따른 감정을 지우기에 앞서, 자신이 지우고 싶은 생각이 무엇인지와 그 생각이 얼마나 진실로 느껴지는지에 대해 확인해야 한다. 사람들은 자신이 하는 모든 생각을 100% 진실로 믿지는 않는다. 예를 들면 자신이 여자라면 '나는 여자다.'는 생각은 100% 진실로 느껴질 것이다. 하지만 '나는 혼자 있는 것이 좋다.'와 같은 생각은 설령 독립적이고 내향적인 사람이라 할지라도 항상 100% 진실로 느끼지는 않을 것이다. 앞서 살펴본 고통지수처럼 얼마나 진실로 느껴지느냐에 따라 변화의 속도는 달라진다. 그러니 자신이 지우고 싶은 생각이 자신에게 얼마나 진실로 느껴지는지 살펴보자. 그 생각이 거짓으로 느껴지면 0단계, 100% 진실로 느껴지면 10단계이다. 앞서 설명한 주관적 고통지수를 측정하는 방법과 동일하다.

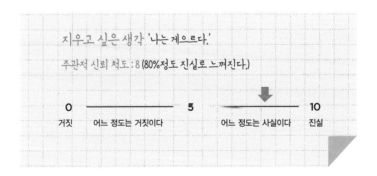

지우고 싶은 생각 '나는 게으르다.'

주관적 신뢰 척도 : 8 (80%정도 진실로 느껴진다.)

0		5	10
거짓	어느 정도는 거짓이다	어느 정도는 사실이다	진실

1. 부정적인 생각 그 자체를 지우는 EFT

지우고 싶은 생각 '나는 게으르다.'

준비 단계

손날타점이나 가슴압통점을 두드리면서 아래의 수용확언을 3회 말한다.
"나는 게으르다고 생각하지만, 이런 나도 받아들이고 사랑합니다."

연속 두드리기

연상어구로 "나는 게으르다."를 말하며, 눈썹부터 손날까지 이어지는 혈자리
를 순차적으로 두드린다.

뇌조율 과정

손등점을 두드리면서 다음의 과정을 실시한다.
① 눈을 감는다. ② 눈을 뜬다. ③ 머리는 움직이지 말고 눈동자만 움직여서
최대한 빨리 오른쪽 아래를 본다. ④ 머리는 움직이지 말고 눈동자만 움직여
서 최대한 빨리 왼쪽 아래를 본다. ⑤ 머리는 움직이지 말고 눈동자를 시계
방향으로 크게 돌린다. ⑥ 머리는 움직이지 말고 눈동자를 반시계 방향으로
크게 돌린다. ⑦ 약 2초 정도 '생일 축하합니다' 노래를 콧노래로 부른다. 밝
은 노래 중 자신이 좋아하는 곡을 불러도 좋다. ⑧ 1부터 5까지 빨리 숫자를
센다. ⑨ 다시 2초간 ⑦과정을 반복한다.

연속 두드리기

다시 한 번 연상어구 "나는 게으르다."를 말하며, 눈썹부터 손날까지 이어지
는 혈자리를 순차적으로 두드린다.

이렇게 EFT 기법을 수행하면 '나는 게으르다.'는 생각에 대한 주관적 신뢰 척도의 수치를 떨어뜨릴 수 있다. 수용확언과 연상어구에 '여전히'를 넣어 신뢰 척도가 0단계가 될 때까지 EFT기법을 실행한다. 주관적 신뢰 척도의 수치가 멈춰서 더 이상 변화가 없는 순간이 오면, '생각에 대한 나의 감정적 반응'에 대해서 EFT 기법을 수행한다.

2. 생각에 대한 '반응'을 지우는 EFT

때로는 생각에 따른 부정적인 감정적 반응을 EFT로 지워주는 작업을 해야 생각이 사라지기도 한다. 만약 '자신의 게으름'에 대해서 '한심하다'고 여기고 있다면 그에 대해 다음과 같이 EFT를 적용할 수 있다.

준비 단계
손날타점이나 가슴압통점을 두드리면서 아래의 수용확언을 3회 말한다.
"게으른 내가 한심하게 느껴지지만, 이런 나도 받아들이고 사랑합니다."

연속 두드리기
연상어구로 "게으른 내가 한심하다."를 말하며, 눈썹부터 손날까지 이어지는 혈자리를 순차적으로 두드린다. 두 번째부티는 뇌조율 과정을 생략하는 경우가 많다. 이때는 연속 두드리기를 한 번 더 진행한다.

이렇게 하면 거의 반 이상은 최초에 했던 생각과 그 반응이 희미해진다. 만약 그럼에도 불구하고 아직 남아 있는 것들이 있다면, 이러한 생각을 하게 만든 사건에 대해 EFT 기법을 수행한다.

3. 생각과 관련된 '사건'을 지우는 EFT

대개 사람들은 특별한 일을 겪은 후, 특정한 생각을 한다. 게으르다는 생각도 마찬가지다. 누군가에게 '게으르다.'는 이야기를 들었거나, 게으름으로 인해 스스로가 낭패를 본 경험이 함께 있기 마련이다.

실제로 자신을 게으르다고 생각한 A씨의 경우, 잠을 너무 많이 자다가 허리가 아팠던 기억이 있다. A씨는 허리가 아픈데도 계속 잠을 잤던 자신이 한심하고 게을러 보였다. 이런 경우에는 그때의 기억을 떠올려서 느껴지는 것들을 EFT 기법에 적용하면 된다.

부정적인 생각과 그에 따른 감정을 없애려면 '부정적'이라고 여기게 만드는 요소를 더 이상 부정적으로 인식하지 않도록 만들면 된다. 앞의 과정들을 반복한 결과, 자신을 게으르다고 여기게 만든 기억을 떠올려도 불편하지 않다면, 스스로가 게으르다는 생각도 함께 사라진다.

다만 유사한 비난과 비판을 반복해서 들은 경우, 그 생각들은 더 깊이 각인되어 생각의 전환이 안 될 수도 있다. 이때 필요한 것은 부정적인 말을 들었던 기억을 반복적으로 지워주는 것이다. 누군가가 자신에게 "넌 쓸모없는 인간이야!"라는 말을 1,000번 했다고 생각해 보라. "아니야, 넌 괜찮은 사람이야!"라는 말을 한두 번 해준다고 해서 그 생각이 바뀌지 않는 것처럼, 각인이 된 생각들은 그 이야기가 담긴 기억 5개~15개 정도를 지워줘야 한다.

한 편의 영화 같은 나쁜 기억 지우기,
영화관 기법

기억을 떠올리는 것은 한 편의 영화를 보는 것과 같다. 무서운 영화를 보면서 우리는 영화 속 주인공과 함께 두려워하기도 하고 울기도 하고 편안해지기도 한다. 이는 기억도 마찬가지다. 우리는 과거의 기억을 떠올리면서 화를 내기도 하고 울기도 하고 불안해하기도 한다. 종종 우리는 기억이라는 영화의 관객이자 배우가 되어 그 기억에 빠져 있곤 한다. 이러한 상황을 활용한 '영화관 기법'이라는 것이 있다. 영화관 기법은 자신의 기억을 한 편의 영화로 만들어 자신을 힘들게 한 장면들을 차례대로 지워나가는 방법으로, 나쁜 기억 지우기의 핵심적인 기법이다.

영화관 기법을 적용하기 위해 제일 먼저 할 일은 어떤 기억을 지울지 선택하는 것이다.

예.

- 초등학교 4학년 봄, 아빠에게 뺨을 맞음
- 중학교 1학년, 친구들 앞에서 불량 학생들에게 맞음
- 중학교 2학년, 수업시간에 친구들 앞에서 선생님께 심하게 혼남
- 고등학교 1학년, 사람들 앞에서 좋아하는 사람에게 고백했다가 거절당함
- ......

다양한 기억들이 떠오를 수 있겠지만 그중 한 가지를 정한다. 그 기억을 한 편의 짧은 영화로 만든다고 생각해보자. 잠시 이 영화의 감독이 되었다고 생각하는 것이다. 영화 장르는 무엇이고, 영화 제목은 무엇인가? 또 상영시간은 어떻게 되는지 살펴보자. 기억에 따라 이 영화는 10초짜리 초단편 영화부터 2시간짜리 장편 영화도 될 수 있다. 기억은 많은데 장편 영화로 꾸리기 힘든 초보자들은 영화를 5분 단위로 잘라서 짧은 영화로 만드는 것이 좋다. 예를 들어 아빠에게 뺨을 맞은 사건이 15분짜리 영화라면 5분짜리 영화 3편으로 나누어 아빠에게 뺨 맞은 사건 1, 2, 3부로 만든다.

자기만의 영화가 완성되었다면, 영화를 상영하기 전에 영화 제목을 보자. 영화 제목을 보고 특정 감정이 강하게 느껴져서 불편하다면, 그 감정에 대해 EFT 기법을 충분히 수행한 후 영화를 상영하는 것이 좋다. 제목을 봐도 마음이 편하다면, 바로 영화를 상영하면 된

다. 이때 어두운 영화관에서 영화를 봐야 실감이 나는 것처럼, 눈을 감고 자신만의 영화(즉, 기억)를 상영해보자. 영화를 더 생생하게 떠올릴 수 있을 것이다.

영화 상영은 우리 몸에 있는 유일한 마이크 시설인 말(육성)로 한다. 사건의 1부에 해당하는 영화 줄거리를 이야기 해보고, 불편한 점이 있으면 잠시 영화를 멈춘다. 그리고 어떤 장면에서 불편함을 느끼고 있는지 살펴보고 그것에 대해서 EFT 기법을 적용한다. 불편함이 0이 되었다면, 그 다음 장면을 이야기한다. 다시 불편한 감정이 들었다면 영화를 멈추고 EFT 기법을 반복해서 적용한다. 이런 방식으로 영화 전체를 상영했다면, 다시 한 번 영화를 처음부터 상영해서 불편함이 없는지 살펴본다. 영화를 상영하는 내내 완전히 편안했다면, 그 기억은 지워진 것이다.

이때 중요한 것은 '완전히'이다. 사람들은 기억을 지우다가 그 기억이 예전만큼 심각하게 불편하지 않으면, 이내 기억 지우기를 멈추려고 한다. 부정적인 기억과 감정은 또 다른 부정적인 기억과 감정들을 불러온다. 나쁜 기억이 잔재하면 언제든지 다른 부정적인 기억들에 달라붙어 또 다른 기억에 영향을 미친다. 그러니 꼼꼼하게 지워라. 한 번 잘 지운 기억이 평생 그 기억으로부터의 자유를 보장한다.

영화관 기법의 이해를 돕기 위해, 이 기법을 이용해 실제로 기억을 지운 사례를 첨부했다. 이어지는 본 사례는 한 남성이 경험한 나쁜 기억을 EFT 기법으로 치유한 내용으로, 그 내담자에게 동의를 받고 편집한 것이다. 이 사례를 참고하여 독자들도 이제는 과거의 나쁜 기억으로부터 자유를 얻길 바란다.

EFT 영화관 기법 적용하기

1. 나쁜 기억을 정한다.

2. 나쁜 기억을 영화라고 생각하고, 영화의 장르, 주제를 정한다.

3. 상영시간을 정하되, 5분 이내의 길이로 영화를 만든다.

4. 영화 주제만을 떠올려도 불편하면, 이 부분에 대해 EFT 기법을 실시한다.

5. 영화를 상영하다가 불편한 감정이 고조되면 상영을 멈추고 EFT 기법을 실시한다.

6. 영화를 상영할 때 소리도 키워보고 장면도 확대해본다. 최대한 생생하게 기억을 떠올리고 느껴본다. 이 과정에서 불편함이 느껴질 때마다 다시 EFT 기법을 적용한다.

7. 영화를 떠올려도 더 이상 불편한 느낌이 없을 때까지 5~6의 과정을 반복한다.

영화관 기법을 적용한 나쁜 기억 지우기 실제 사례

한 소년에게 최근 문제가 생겼다. 소년은 한참을 고민하다 어른들에게 그 사실을 알렸다. 그러자 어른들은 "별일도 아닌데 꼴값 떨지마!"라고 말했다. 이러한 반응에 어린 소년은 충격을 받았다. 그리고 소년은 이와 유사한 상황을 반복해서 경험했다. 소년이 고민을 이야기하면, 그 소년에게로 돌아오는 소리는 "별일 아니야. 그런 걱정 하지마! 더 강해져라!"였다. 소년은 더 이상 자신의 고민에 대해 말을 하지 못했다. 자신은 왜 늘 별일 아닌 것에 이렇게 힘들어 하는지, 너무나 약한 자신이 싫기만 했다. 강해지고 싶은데, 어떻게 해야 강해지는지도 알 수 없었다. 결국 이 소년의 상처는 훗날 강박증의 형태로 나타났다.

이제부터 이 소년에게 상처를 준 과거의 기억을 함께 지울 것이다. 혹시 이와 유사한 경험이 있다면, 이 내용을 따라 읽으면서 EFT 기법을 해보는 것이 좋다. 다른 나쁜 기억을 가지고 있다면, 이 소년이 어떻게 변화하는지를 살펴봄으로써 자신의 나쁜 기억을 지울 때 응용할 수 있을 것이다.

문제 확인: 지우고 싶은 기억 선택하기

해피지니: '별일 아닌 것 가지고 꼴값 떤다.'는 이야기를 귀에 못이

박히도록 들었으니, 이와 관련된 기억들도 아주 많겠군요? 그중 떠오르는 사건을 하나 정해봅시다.

남: 네.

영화 제목과 상영 시간 정하기

상영시간은 꽤 길어서 세 파트로 나눈다.

남: 음… 영화의 제목은 '비난 받은 나'예요.

영화 제목에서 느껴지는 느낌에 대해 EFT 하기

해피지니: '비난 받은 나'라는 제목, 이 5개의 글자 조합을 보니까 마음이 어때요?

남: 우울하네요.

해피지니: 우울함이 몇 정도로 느껴지나요?

남: 우울함은 7정도 느껴져요.

- 손날타점을 두드리면서 수용확언 3회: 나는 '비난 받은 나'라는 영화 제목만 봐도 우울해지지만, 이런 나도 있는 그대로 받아들이고 사랑합니다.

- 연상어구 + 연속 두드리기: '비난 받은 나'라는 제목만 봐도 우울하다.

- 쇄골타섬을 두드리면서 심호흡 3회

남: 우울함은 4정도로 감소했어요.

해피지니: 자, 우울함에 대해서 한 번 더 EFT를 적용하고, 영화를 상영해보도록 하죠.

추가 조정 작업

- 손날타점을 두드리면서 수용확언 3회: 나는 여전히 '비난 받은 나'라는 제목을 보면 우울해지지만, 이런 나도 있는 그대로 받아들이고 사랑합니다.

- 연상어구 + 연속 두드리기: 여전히 우울하다. '비난 받은 나'라는 글만 봐도 우울해진다.

- 쇄골타점을 두드리면서 심호흡 3회

고통지수 변화 및 양상의 변화 확인

남: 고통지수는 2정도까지 떨어졌어요.

해피지니: 이 시간이 너무나 힘든 사건이라면 고통지수가 0이 될 때까지 EFT 기법을 적용하고 영화를 상영하면 됩니다. 그렇지 않다면 지금 영화를 상영해볼까요?

말로 영화 상영하기

남: 때는 중1, 남녀 합반이었던 학교에서 소년은 나름 인기가 좋았어요. 소년에겐 친하게 지내던 여자아이들 한 무리도 있어요. 그런데 어느 날 그 여자아이들이 소년과 갑자기 말을 하지 않기 시작하고 소

년을 볼 때마다 인상을 썼어요. 소년은 필사적으로 관계를 회복하려고 매달렸으나 오히려 농간과 비난만 당했어요.

이야기를 하는 중에 불편한 감정이 올라오면, 더 이상 이야기를 하지 않고 그 장면에서 잠시 멈춰서 EFT 기법을 적용해준다.

힘들어 하는 장면에 대해 EFT 하기

해피지니: 어느 날 갑자기 여자아이들이 소년을 볼 때마다 인상을 쓰기 시작했던 그때를 떠올려보죠. 여자아이들이 인상을 쓰니까 어린 소년은 어떤 생각이 들었을까요?

남: 황당했구요. 많이 걱정됐죠.

해피지니: 뭐가 걱정이 되었을까요?

남: 그때 막 '왕따'가 시작되었을 시점이었어요. 황당함과 걱정됨의 고통지수가 각각 8과 7로 느껴져요.

- 손날타점을 두드리면서 수용확언 3회: 갑자기 여자아이들이 인상을 써서 황당했지만, 이런 나도 받아들이고 사랑합니다.

- 연상어구 + 연속 두드리기: 왜 갑자기 인상을 쓰지? 황당하다. 내가 뭘 잘못했나?

- 쇄골타점을 두드리면서 심호흡 3회

고통지수 변화 및 양상의 변화 확인

남: 8에서 5정도로 감소했어요.

추가 조정 작업

- 손날타점을 두드리면서 수용확언 3회: 갑자기 여자아이들이 날 보고 인상을 찌푸려서 황당했지만, 이런 나도 있는 그대로 받아들이고 사랑합니다.

- 연상어구 + 연속 두드리기: 왜 갑자기 인상을 쓰지? 내가 뭘 잘못한 건가? 황당하다. 잘 지내다가 갑자기 그러니까 더 황당하다.

- 쇄골타점을 두드리면서 심호흡 3회

추가 조정 작업을 3회 반복하자, 처음에 7이었던 고통지수가 5, 3, 1, 0으로 떨어졌다. 시간이 다소 걸리더라도 0이 될 때까지 꼼꼼하게 기억을 지워줘야 이후에 이 기억이 다시 떠오르지 않는다.

남아 있는 다른 양상에 대해 EFT 하기

- 손날타점을 두드리면서 수용확언 3회: 이러다 왕따가 되는 게 아닐까? 불안하지만, 이런 나도 있는 그대로 받아들이고 사랑합니다.

- 연상어구 + 연속 두드리기: 이러다 왕따가 되는 게 아닐까? 불안하다.

- 쇄골타점을 두드리면서 심호흡 3회

고통지수 변화 및 양상의 변화 확인

남: 8에서 5로 떨어졌네요.

추가 조정 작업

- 손날타점을 두드리면서 수용확언 3회: 이러다 왕따가 되는 게 아닐까? 여전히 불안하지만 이런 나도 받아들이고 사랑합니다.

- 연상어구 + 연속 두드리기: 이러다 왕따가 되는 게 아닐까? 불안

하다. 왕따가 되면 어쩌지? 걱정된다.

- 쇄골타점을 두드리면서 심호흡 3회

고통지수 변화 및 양상의 변화 확인

남: 불안함이 1로 떨어졌어요.

추가 조정 작업을 1회 더 반복하자, 처음에 8이었던 고통지수가 5,
1, 0으로 떨어졌다. 이렇게 한 장면에서 나타나는 양상들을 꼼꼼하
게 다 지운 후에, 다음 장면으로 넘어가서 이 과정을 진행했다.

다음 장면에 대해 EFT 하기

해피지니: 좋아요. 다음 장면으로 넘어가봅시다.

남: 그렇게 비난 받은 저는 슬프고 복잡한 심정으로 집으로 돌아
와서 그 사실을 이야기 했어요. 하지만 실직한 아버지는 그런 이야기
를 들어줄 여유가 없었어요.

해피지니: 집에 와서 친구들이 인상 쓴다고 이야기를 했더니 아버
지의 반응은 어땠죠?

남: '그럼 다른 아이들과 놀아라! 아버지도 지금 그런 걱정 할 여유
가 없다.'

해피지니: 그 말을 듣고 어린 소년의 마음은 어떠했나요?

남: 막막했죠. '그러면 이것을 혼자 극복해야 하나?'라는 생각도 했
어요.

해피지니: 혼자서 극복해야 한다는 막막함이 얼마나 느껴지나요?

남: 8정도요.

- 손날타점을 두드리면서 수용확언 3회: 아버지는 내 이야기를 들어주지도 않는다, 어떻게 이걸 혼자서 극복하지? 너무나 막막하지만, 이런 나도 받아들이고 사랑합니다.

- 연상어구 + 연속 두드리기: 어떻게 이걸 나 혼자서 극복하지? 정말 모르겠는데, 너무나 막막하다.

- 쇄골타점을 두드리면서 심호흡 3회

고통지수 변화 및 양상의 변화 확인

남: 막막함은 1로 떨어졌어요.

해피지니: 다른 양상이 있나요?

남: 막막함에서 서러움으로 바뀌었어요. 도움 받지 못하고, 혼자 이겨낼 힘도 없어 보이는 제가 있네요.

서러움이라는 양상이 나타났지만, 우선 막막함이라는 양상이 사라질 때까지 EFT 기법으로 나눠주는 것이 좋다.

추가 조정 작업

- 손날타점을 두드리면서 수용확언 3회: 아직도 그때를 떠올리면 막막하다. 도움도 못 받고 혼자 이겨낼 힘도 없는데, 막막하지만 이런 나도 이해하고 안아주고 사랑합니다.

- 연상어구 + 연속 두드리기: 막막하다, 도움도 못 받는다, 혼자 이겨낼 힘도 없는데, 막막하다.

- 쇄골타점을 두드리면서 심호흡 3회

남: 막막함 0이요. 서러움도 3으로 덩달아 줄었어요.

해피지니: 그럼 서러움도 마저 0으로 만듭시다.

이와 같이 막막함에 대해 지워주는 과정에서, 지우지 않았던 다른 감정이 동시에 누그러지는 경우도 있다.

- 손날타점을 두드리면서 수용확언 3회: 난 아직 중1밖에 안됐는데, 난 정말 힘든데 아빠는 날 도와주지도 않으신다. 어떻게 해야 할지도 모르는 나에게……. 너무나 서럽지만, 이런 나도 안아주고 사랑해줍니다.

- 연상어구 + 연속 두드리기: 난 중1인데, 아직 어린데, 정말 힘든데, 아빠는 어른이면서 날 도와주지도 않으신다. 서럽다. 너무나 서럽다.

- 쇄골타점을 두드리면서 심호흡 3회

남: 서러움도 0! 완전 좋네요!

기억이 잘 지워졌는지 확인하기

해피지니: 기억이 잘 지워졌는지 완전히 편해졌는지 살펴보기 위해 다시 한 번 그 장면을 떠올려봅시다. 영화의 주요 장면을 떠올려보세요. 아버지께 사정을 말씀 드렸는데, 아버지는 다른 친구랑 놀라

고, 너의 그런 걱정 들어줄 여유가 없다고 말씀하신 걸 떠올려보세요.

　남: 덤덤해요. 그냥 TV를 보는 기분 같아요.

　이와 같이 꼼꼼하게 기억을 다시 떠올리게 해서 완전히 편안해질 때까지 EFT 기법을 반복하면 된다.

일상의 평화를 빕니다,
내적 평화 과정

EFT 기법으로 마음의 스트레스를 꾸준하게 관리하는 과정을 '내적 평화 과정'이라고 부른다. 내적 평화 과정을 통해 현재의 스트레스뿐만 아니라 과거의 상처까지 치유하는데 방법은 다음과 같다.

1. 지우고 싶은 기억들을 떠오르는 대로 적는다.

2. 그중 하나의 기억을 골라 영화관 기법 등을 적용한다. 다시 떠올려도 마음이 완전히 편해질 때까지 EFT 기법을 반복한다. 상처의 깊이에 따라 짧게는 몇 분에서 30분, 1시간까지도 걸릴 수 있다.

3. 지우고 싶은 다른 기억이 떠오르면 추가해서 적고 지워간다. 하루에 한 개씩 3개월만 지워도 거의 100개 가까운 기억들을 지울 수 있다.

내적 평화 과정을 좀 더 편안하고 꾸준히 하기 위해서는 두 가지 정도를 명심하면 좋다. 우선, 지우고 싶은 목록은 5가지 이하로 작성한 후 내적 평화 과정을 시작하는 것이 좋다. 기억을 적기 위해서는 기억을 회상해야 하는데, 그 과정 속에서 느껴지는 감정적 반응을 견디지 못할 수도 있기 때문이다. 실제로 지우고 싶은 기억의 개수가 10개를 넘어가면 신체적인 증상들이 나타난다. 특히 상처가 깊은 기억들 위주로 작성하고 있었다면 가슴이 답답하고 몸이 굳거나, 두통이 오기도 한다. 신체적인 반응이 없는 사람들도 나쁜 기억 목록을 많이 작성하다보면 '내가 이렇게 문제가 많은 사람이었나? 내가 상처가 이렇게 많았어?' 등 떠오르는 여러 생각 때문에 우울해지기도 한다. 이런 경우 EFT 기법으로 상처를 치유하기도 전에 이미 심리적으로 방전된다.

해야 할 것이 너무 많다고 여겨지면, 시작하기도 전에 압도당하게 되어 잘 하지 않게 되거나 차일피일 미루게 된다.

핵심 사건이나 고통지수가 큰 사건에 연연하지 않는 태도도 중요하다. 가장 뿌리이자 근본인 핵심 사건부터 해결하고자 하는 마음 자체가 잘못된 것은 아니다. 그러나 쉬운 방법은 아니다. 대개 핵심 사건은 감정을 극대화하는 강한 기억들로, 주로 트라우마나 그 수준에 이르는 상처와 관련된 기억들이다. EFT 기법 초보자들이 숙련되지 않은 상태에서 이 기억들을 회상하면, 제대로 된 처리를 하지 못하고 심리적, 신체적으로 힘들어질 수 있다. 실제로 숙련되지 않은 사람들이 트라우마 기억부터 접근했다가 몸살 또는 마비 증상으로 적게는 2주에서 많게는 2달 동안 고통 받은 적이 있다. 더 나아가 EFT 기법 공포증이 생기기도 했다.

상처를 치유하는 데는 적절한 시간이 필요하다. 그 시간을 안전하게 이어가려면, 자신의 수준에 맞는 속도가 필요하다. 따라서 굳이 긴 목록으로 자괴감과 부담감을 느끼면서 EFT 기법을 할 필요는 없다. 그러니 5개 이하의 나쁜 기억 목록으로 시작해보길 바란다. 기억을 지우면서 더 떠오르는 기억을 목록에 더해도 괜찮다. 그리고 처음에는 고통지수가 5 이하의 작은 기억들부터 지워나가면서 실력을 쌓아라. 그것만으로 삶에 크고 작은 변화들이 일어난다. 작은 조언 같지만, 치유와 변화의 과정에서 자신을 배려하는 것은 아주 중요하다. 조급한 마음을 내려놓고 충분하게 기본기를 쌓은 후, 깊은 상처를 치유하며 일상의 평화를 얻길 바란다.

EFT로
나쁜 기억을 잘 지우는 비법

치유의 과정에서 솔직함은 늘 옳다

한 남성이 부인과 부부싸움을 했다. 그는 점점 감정을 추스르기 힘들었고, 자신도 모르게 큰일을 저지를까 봐 두려웠다. 가까스로 방으로 들어왔지만 다른 공간에 있다는 것만으로는 치밀어 오르는 분노를 이기기 힘들었다. 그때 그는 문득 EFT 기법을 떠올렸고, 아내에게 느낀 분노에 대해 EFT 기법을 수행해보았다. 두세 차례 진행을 했으나 효과는 나타나지 않았고 오히려 더 혼란스럽고 짜증만 났다.

EFT 기법은 분노를 해소하는 데에 탁월하기 때문에 보통 2~3회 정도 반복하면 조금이라도 변화가 나타난다. 만약 그렇지 않다면 문제 확인과 그에 따른 수용확언을 어떻게 만들었는지를 살펴보는 것이 좋다.

수용확언의 앞부분과 연상어구는 부정적인 말로 이루어져 있다. 사람들은 그 부정적인 말이 세뇌, 각인될까 우려하여 긍정적인 말로 바꾸어 EFT 기법을 하려고 한다. 앞선 예의 남성도 '화가 난다.'고 말을 하면 더 분노가 치밀어 오를까 봐 '아내를 봐도 마음이 편안해진다.'는 말을 하면서 혈자리를 두드렸다고 한다. 실제로는 부인 얼굴을 떠올리기만 해도 분노가 폭발할 지경이었는데도 말이다.

치유를 위해서는 이 남성처럼 자신이 원하는 상황에 집중하는 것도 좋지만, 지금 내 아픔에 집중하는 것이 더 필요할 때가 있다. 부정적인 감정이 크게 느껴질 때는 더욱 그러하다. 그때에는 긍정적인 말이 수용되기는커녕 오히려 거부감만 더 크게 느껴질 수도 있기 때문이다.

이 남성의 경우 EFT 기법의 기본 방식대로 '나는 부인 때문에 머리끝까지 화가 나지만, 이런 나도 받아들이고 사랑합니다.'는 수용확언과 '화가 난다!'는 연상어구를 사용하자 부인에 대한 분노를 누그러뜨릴 수 있었다.

좋은 게 좋은 것이 아니다. 괜찮은 척, 좋은 척은 '척'일 뿐이지 진짜 괜찮은 것이 아니다. 지금 자신의 진짜 감정이 어떠한지, 어떻게 하면 그 감정을 있는 그대로 표현할 수 있을지 면밀히 살필 필요가 있다. 치유의 과정에서 솔직함은 늘 옳다.

행복해지고 싶다고 아무리 뛰어간들, 나쁜 기억이라는 족쇄가 당신의 발을 붙들고 있다. 평화로워지고 싶다면 자신 안에 불편한 감정과 기억이 있다는 것을 인정해야 한다. 그리고 현재 느끼고 있는 감정, 생각에 대해 솔직하게 표현하고 EFT를 해보라.

큰소리로 선언하라

개미 같은 목소리로 "아, 화가 나!"라고 말할 때와 큰소리로 말할 때, 분노의 감성이 똑같이 느껴질까? 같은 말을 하더라도 뉘앙스와 크기에 따라 다른 의미로 전달되듯, 감정을 느끼는 정도도 다르다. 감정을 담아 큰소리로 표현함으로써 상황에 쉽게 집중할 수 있고, 그에 따라 EFT 기법의 효과를 좀 더 쉽게 얻을 수 있다. 또한 자신의 현재 문제를 인정하고 수용하는 것을 큰소리로 선언한다는 상징적 의미도 있다.

분노와 관련된 기억일수록 소리를 내어 말하는 것이 좋다. 만약 큰소리로 표현할 수 있는 여건이 되지 않는다면, 작은 소리로라도 말하

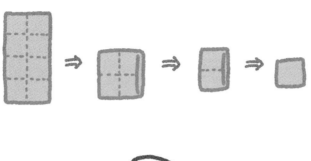

분노와 관련된 기억일수록 소리를 내어 말하는 것이 좋다. 여건이 되지 않는다면 수건으로 입을 막고 소리를 질러보자.

는 것이 좋다. 또는 수건을 하나 준비해서 입 주변을 수건으로 막고, 그때의 분노를 최대한 큰소리로 지른다. 이렇게 수건으로 입을 막고 소리를 지르면, 방음 효과가 아주 탁월하다. 이때 최대 3분 이내로 소리를 지르되 그 당시에 하지 못했던 말들이나 비속어를 사용해도 좋다. 그 후 남은 감정들을 삭은 소리로 말하며 EFT 기법으로 해소해 준다. 이렇게 하면 큰소리를 내지 못하는 상황이라도 EFT의 효과를 높일 수 있다.

필요하다면 욕이라도 해야 한다

옛날 신분제도가 있던 시절, 양반과 상민 중 어느 쪽이 더 빨리 나쁜 감정을 털어냈을까. 개인차가 있겠지만, 대개 상민들이 부정적인 감정과 기억을 잘 털어냈을 확률이 높다. 양반은 체면과 체통을 중시한 나머지, 마음속에서 화가 나도 괜찮은 척 하는 경우가 많았을 것이다. 하지만 상민들은 일상생활에서든 다양한 놀이를 통해서든 솔직한 감정을 자연스럽게 표현했다. 때론 술을 마시고 욕하고 싸움도 하면서 양반들을 향한 그들의 억압된 감정을 표출하고 스트레스를 해소했다. 양반에 비해 상대적으로 더 쉽게 정서적으로 안정될 수 있었다. 감정은 인식되고 표현된 만큼 해소된다.

가까운 친구라고 믿었던 이에게 배신을 당한 여성이 있었다. 그 일로 인해 밤에 삼노 못자고 분노를 못 이기는 상태였다. 그는 '나는 마음이 좀 불편하지만, 이런 나도 받아들이고 사랑합니다.'고 수용확언을 만들어 EFT 기법을 하고 있었다. 그 결과 큰 변화는 없었다. 살펴보니 그는 친구에 대한 배신감과 분노가 극에 달한 상태였다. 20년지기 친구였으니, 그 감정의 깊이는 깊을 수밖에 없었다. 그가 감정을 풀기 위해서는 우선 당시의 감정을 충분히 느껴야 했다. '내가 너를 얼마나 믿었는데 나를 배신하다니! 배신감에 분노가 치밀어 오르지만, 마음속 깊이 나 자신을 받아들이는 것을 선택합니다.', '나쁜

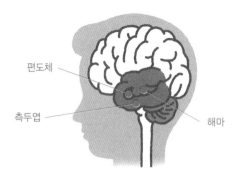

해마와 편도체. 우리가 경험한 것들을 장기로 기억하기 위해서는 해마라는 부위를 거쳐야 한다. 감정과 관련이 있는 편도체는 해마 옆에 단짝 친구처럼 붙어서 감정적 정보가 많은 기억을 해마에 더 오래 기억하라고 이야기하곤 한다.

XX, 내가 너를 얼마나 믿었는데! 배신감에 치가 떨리지만, 이런 나도 받아들이고 사랑합니다.'고 수용확언을 변경하고 EFT 기법을 수행하도록 유도하자, 그제야 그는 가슴이 뻥 뚫리는 것처럼 시원하다고 말했다.

때로는 자신의 분노를 거침없이 표현할 수 있도록 욕설을 포함한 EFT 기법을 하기도 한다. 수용확언과 연상어구에 욕설을 넣어 자신의 감정을 충분히 느끼고 해소할 수 있도록 돕기 위해서다. 자기 자신이나 가족을 향해 욕설을 섞어 EFT 기법을 하는 것은 권하지 않지만, 욕설을 적절히 사용한 EFT 기법은 부정적인 감정을 그 어느 것보다 효과적으로 처리한다. 자신의 감정을 충분히 표현할 때, 더 빨리 치유된다.

양보다 질, 구체적으로 상처를 보듬어라

양궁 선수가 화살로 과녁을 쏘는 모습을 상상해보자. 선수는 '화살을 많이 쏘다 보면, 정중앙에 하나는 맞겠지?'라는 생각으로 과녁을 향해 화살 여러 개를 마구 쏠 수 있다. 그러다 보면 하나는 적중할지 모른다. 그러나 그것은 운이 좋았던 것뿐이지 실패할 확률이 높은 방법이다. 이에 비해 화살을 하나씩 정중앙에 조준해서 쏘면, 활시위를 당기는 속도는 느려도 적중률이 높아질 것이다.

나쁜 기억을 지우는 과정도 이와 유사하다. 어떤 기억을 지울지, 기억의 어떤 부분부터 지울지 정하지 않고, 되는대로 EFT 기법을 수행하면 언젠가는 효과를 볼 것이다. 실제로 우울증과 강박증 때문에 말도 잘하지 못했던 환자는 치료 초기에는 그냥 두드려주기만 했다. 기약 없는 시간이 흐르고 난 후, 어느 순간부터 그 환자는 자신의 증상들을 좀 더 정확하게 표현할 수 있게 되었고, 결국 일반적으로 EFT 기법을 수행하여 자신의 삶으로 돌아갈 수 있었다.

이 환자의 치유는 운이 좋았던 경우에 해당한다. EFT 기법을 처음 접한 사람이나 초보자들의 경우 그러한 결과가 나오기 전에 제풀에 꺾여 포기하는 경우가 많다. 운에 의지하지 않고 좀 더 효율적으로 EFT 기법의 효과를 얻으려면 구체적으로 하는 것이 좋다. 이때 구체적이라는 것은 양상 하나하나에 대해 EFT 기법을 적용한다는 의미이다. 고통지수가 높은 양상부터 하나씩 EFT 기법을 적용하면 더 빠른 변화를 인식할 수 있다.

꾸준함만이 답이다

A씨는 외국인 남편과 결혼을 했나. 문화와 성격 차이로 인해 남편에게 외로움, 서운함, 배신감을 느꼈던 A씨는 유방암 진단까지 받았다. 첫 수술은 무사히 마쳤으나 몇 년이 지나 병이 재발했다. 늘 한국

에 돌아오고 싶었던 그녀는 기회를 만들어 한 달 정도 한국에 머물게 되었다.

A씨와 이야기를 나눠보니 암이 괜히 생긴 게 아니라는 생각이 들 정도로 A씨는 극심한 스트레스를 받고 있었다. 기대와 달랐던 결혼 생활로 인해 오랜 시간 상처를 받은 그는 언뜻 생각해도 수십, 수백 개의 나쁜 기억이 떠오른다고 말할 정도였다. A씨는 평소 잠을 잘 때도 자신도 모르게 이를 꽉 깨물고 자고 있었다. 이튿날 아침이 되면 턱이 아프고 치아도 흔들리는 신체적 고통도 함께 갖고 있었다. 급한 대로 우선 기억을 몇 개 지우자 정말 오랜만에 편안하게 잠을 잤을 뿐더러 치아도, 턱도 편안해졌다. 그뿐 아니라 가슴이 답답한 증상들도 많이 완화되었다고 했다.

남편에 대한 서운한 기억 몇 개를 지웠다고 해서 그 서운함과 배신감이 모두 사라진 것은 아니다. 몸 상태가 완전히 회복되는 것도 아니다. 가족이나 가까운 사이일수록 EFT 기법을 통한 감정 해소는 쉽지 않다. 접촉 시간과 빈도가 높기 때문에 나쁜 기억을 해소하는 속도보다 생성 속도가 빠르기 때문이다. 그래서 지속적으로 충분히 EFT 기법을 실시하여 해소 속도가 생성 속도를 앞지를 수 있도록 해야 한다. 당장 원하는 만큼 효과가 나타나지 않더라도, 지속적으로 관계 문제를 다루어보라. 결국 원하는 결과를 얻을 것이다.

5

기억을
지울 때
우리가
겪는 일들

차선과 최선의 선택지도 있다, 심리적 역전

얼핏 생각해보면 상처에서 벗어나고 싶지 않은 사람이 있을까 싶으면서도, 실제로 상담을 하다 보면 그런 사람을 만난다. 눈이 시리고 아파 제대로 뜨지 못했던 50대 여성이 바로 그러한 경우다. 병원 검사상으로는 문제가 없었지만, 눈을 뜰 수 없으니 생활 자체가 힘들었다. 용하다는 병원과 한의원 등을 다 돌아다녔지만 눈의 증상은 잠깐 좋아졌다 다시 재발하기만 했다. 그렇다면 어떤 기억과 감정이 신체에도 영향을 끼쳤는지 살펴볼 필요가 있었다.

그녀에게는 금지옥엽 같이 키운 아들이 있었다. 자신의 아들이 의사가 되어 그녀는 너무나 기뻤다. 그러나 기쁨도 잠시, 아들이 동남아 출신의 외국인 여성과 사랑에 빠졌다는 사실을 알게 되었다. 더 좋은 조건의 여성과 결혼해서 잘 살길 바라는 마음에 그녀는 아들의 사랑을 인정할 수가 없었다. 아들을 수차례 회유, 설득, 협박까지 하면서 그 외국인 여성과 헤어지라고 했으나, 결국 아들은 부모 허락 없이 결혼식을 올렸다. 그녀는 눈에 흙이 들어가도 인정할 수 없는 결혼이라며, 착한 아들이 그 나쁜 여자에게 홀려서 결혼한 것이라고 분하게 여겼다. 그러는 사이에 그녀의 눈은 점점 시리고 아프기 시작했다.

이는 신경증에서 일반적으로 볼 수 있는 증상이다. 아들에 대한 배신감과 분노의 감정 등을 잘 해소하면 충분히 좋아질 수 있는 증상이었다. 그러나 그녀는 배신감과 분노의 감정을 내려놓는 순간 아들의 결혼을 인정하는 것과 다름없이 여기고, 불편한 감정들을 풀지 않았다. 눈이 아픈 것도 싫지만, 아들의 결혼을 인정하는 것은 더 싫기 때문에 낫기를 거부하는 것, 이것을 '심리적 역전'이라고 한다. 심리적 역전은 정도의 차이만 있을 뿐 우리의 삶에서 쉽게 찾아볼 수 있다.

시험공부를 하기 싫어하는 아이들의 꾀병도 심리적 역전의 한 예다. 공부는 하기 싫고, 성적이 좋지 않으면 혼이 나니까, 차라리 좀 아픈 것이 스스로를 위해 더 낫다고 생각한다. 몸이 아프면 대개 혼나지 않기 때문이다. 명절증후군, 집이나 직장에서 맡기 싫은 일을 앞두고 몸이 아픈 경우들은 어른들의 심리적 역전이라고 할 수 있는데, 이는 소위 꾀병과 유사해 보인다. 그러나 심리적 역전을 꾀병으로 치부할 수만은 없다.

민지 씨는 무남독녀이다. 어린 시절부터 부모님은 종종 다투셨다. 부모님은 민지 씨를 배려한다고 방 안에서 다투셨지만, 다투다보면 목소리가 커지기 마련이었다. 민지 씨는 부부싸움이 일어나는 안방 문 앞에서 숨죽이고, 부디 아무 일 없기를 바라며 불안에 떨곤 했다. 그래도 아버지가 어머니를 때리는 날은 없었는데, 그날은 과음을 한 아버지가 다툼 끝에 물건을 던지고 어머니에게 손찌검을 했다. 안에서 무슨 일이 일어나는지 몰랐던 10살의 민지 씨는 뭔가가 깨지는 소리와 어머니의 비명과 앙칼진 소리에 큰 공포심을 느꼈다. 아무리 문을 두드리고 소리를 쳐도, 안방 문은 열리지 않았다.

어린 민지 씨가 할 수 있는 것은 아무것도 없었다. 그내 문득 띠오른 것이 바로 아픈 척하기였다. 배가 너무 아픈 것처럼 민지 씨는 비명을 지르기 시작했다. 처음에 부모님은 자신들의 감정 때문에 그 소리를 듣질 못했지만, 이내 정신을 차리고 민지 씨를 보기 위해 나왔다. 그렇게 부부싸움은 멈췄다. 이 방법은 이후에도 통했는데, 부모님은 민지 씨가 아플까 봐 언쟁하는 것을 조심했다.

여기까지만 보면 민지 씨의 꾀병 전략은 효과적인 것 같다. 그러나 문제는 스트레스 해소 방법으로 통증이 효과적일 수 있다는 것을 인식한 무의식이 실제로 통증을 유발할 수 있다는 점이다. 나아가 통증을 느끼는 범위도 늘어날 수 있다. 민지 씨도 처음에는 부모님이 갈등할 때에만 몸이 아팠지만, 점점 주변 사람들의 갈등 상황 속에서도 몸이 힘들고 아프기 시작했다. 불쾌해하는 목소리나 긴장된 분위기에도 몸이 반응을 하니 사람들과 무언가를 함께 할 수 없었다.

EFT 기법에서는 이러한 심리적 역전을 해결하기 위해서 기본적으로 '수용확언'을 더 많이 반복한다. 혹은 낫고 싶어 하지 않는 이유를 찾아 이에 대한 부정적인 감정과 생각들을 해소한다. 우리의 무의식은 감정에 더 영향을 받기 때문에, 감정을 풀어주지 않으면 심리적 역전에서 벗어날 수 없다. 민지 씨는 그때의 아픔을 충분히 다독여주며, 더 이상 민지 씨가 어리지도 않고, 이제는 안전하다는 것을 깨닫는 시간을 가졌다. 나아가 이제는 두려움에 떨지 않고, 혹은 아프지 않고도 이러한 문제를 해결할 수 있다는 사실을 깨닫고 나서야, 민지 씨는 자신의 아픔과 작별할 수 있었다.

우리에게는 차악과 최악만의 선택지가 아니라 차선과 최선의 선택지도 있다는 것을 깨달을 때, 심리적 역전에서 한걸음 벗어날 수 있다.

1. 지금 가지고 있는 문제가 해결될 때, 아쉬운 점이 무엇인가?
2. 이 괴로움이 주는 이득이 있다면 그것은 무엇인가?

심리적 역전의 예

문제 상황	이 문제가 있어서 좋은 점 (심리적 역전)
교통사고로 병원에 입원 중이다. 몸을 마음대로 움직이지 못하는 것이 너무 불편하다.	덕분에 보상금을 두둑이 받을 수 있다. 회사에 나가 일을 하지 않아도 화를 내는 사람이 없다. 일 안하고 돈 벌고, 사람들의 관심까지 받을 수 있다.
만성 우울증으로 고생하고 있다. 무기력감과 우울함이 특히 견디기 힘들다.	적어도 오랫동안 이 상황에 있어봐서, 우울함의 상태가 익숙하고 편하다. 사람들의 관심과 위로를 받을 수 있다. 대개 일을 하지 않아도 이해를 받을 수 있으며, 언제든지 자신만의 시간을 가질 수 있다.
몸이 약하다.	무겁거나 힘든 일, 책임을 져야 하는 일, 하기 싫은 일을 하지 않아도 된다. 사람들이 항상 걱정해주고 신경을 써주며, 다른 사람들보다 내가 1순위가 된다.

가지 대신 뿌리를 보자,
핵심 사건

지인이 어느 순간부터 어깨 통증을 호소하기 시작했다. 지인과 함께 EFT 기법을 적용하면서 언제부터 어깨가 아팠는지를 물었다. 6개월 전 오락에 빠져 지나치게 오락을 많이 했었는데 그 이후부터 어깨가 아프기 시작했다고 한다. 그때의 일에 대해 EFT 기법을 적용하니, 처음에 5단계 정도로 느껴진 어깨 통증이 이내 3단계에서 2단계까지 떨어졌다. 통증은 순식간에 좋아지긴 했지만, 여전히 남아 있었다. 이렇게 특정한 기억을 잘 다뤄줬는데도 불구하고 현재의 불편함이 완전히 사라지지 않을 때가 있다. 그럴 때는 조금 더 무의식 깊은 곳을 살펴볼 필요가 있다.

나무의 뿌리를 뽑지 않는 한, 때가 되면 나뭇가지는 다시 자라나기 마련이다. 우리가 가지고 있는 문제를 나무에 비유해보면, 어깨 통증과 같이 해결하고 싶은 문제는 나무의 곁가지에 해당한다. 아무리 나뭇가지를 쳐낸다고 해도 나무의 뿌리가 뽑히지 않는 한 시간이 지나면 나뭇가지는 다시 자라기 마련이다. 나무의 뿌리에 해당하는 좀 더 근본적인 문제의 원인을 바로 '핵심 사건'이라고 한다. 심리적 역전이 없는 상황에서 아무리 기억을 지워도 변화가 없다면, 그때는 핵심 사건을 찾아야 한다.

앞서 본 지인의 핵심 사건은 사업이 계획대로 되지 않아서 오는 스트레스와 관련이 있었다. 사업을 확장시키기 위해 차례대로 준비했던 일이 뜻대로 되지 않아 화가 났지만, 화를 낸다고 해서 꼬인 일이 제대로 풀릴 리가 없었다. 지인은 화를 가라앉히고 머리를 진정시키기 위해 오락을 했다. 평소 끝을 봐야 하는 성격인지라, 오락을 통해 머리를 식히면서도 해결책이 떠오를 때까지 오락을 하다 보니 어깨가 아프기 시작한 것이다. 이러한 부분들을 파악하고 EFT 기법을 적용하자, 그제야 다시 변화가 나타나고 어깨의 통증이 사라졌다.

대개 핵심 사건은 현재 증상을 유발하는 원인이 되는 사건이거나, 현재 느끼는 감정과 유사한 감정을 더 강렬하게 느꼈던 과거의 사건인 경우가 많다. 『자발적 진화』의 저자 브루스 립턴Bruce Lipton 박사는 여섯 살 이전의 경험을 뇌에서 받아들일 때 델타δ파와 세타θ파가 작동한다고 말한다. 델타파와 세타파는 주로 최면 상태나 트랜스 상태에서 발생하는 뇌파다. 연구 결과에 따르면, 여섯 살 이전에는 이성이나 논리라는 필터 없이 모든 경험들을 고스란히 무의식에 저장한다. 이로 인해 어린아이들은 동화책 속의 도깨비를 실제와 구분하지 못하고 이를 두려워한다.

대개의 핵심 사건은 어린 시절의 사건인 경우가 많다. 이성적으로 상황을 이해하지 못할 뿐 아니라, 상황을 상상이나 꿈처럼 왜곡해서 받아들이기 때문에 작은 공포도 더 크게 받아들일 수 있기 때문이다. 물론 어리기 때문에, 약하기 때문에 스트레스에 더 취약한 것도 원인이 될 수 있다.

왕따를 당했던 한 남학생이 가지고 있던 불안과 분노에 대한 기억을 지우다 보니, 어느 순간부터 변화가 나타나지 않았다. 이때 적절한 질문을 통해 이 학생의 핵심 사건을 찾아보니, 아버지의 폭력과 관련된 사건이 있었다. 아버지와 관련된 사건들을 지워준 후에야 왕따 당한 사건으로부터 자유로워지고, 정상적인 학교생활을 할 수 있게 되었다.

이렇듯 치유의 과정에서 핵심 사건을 찾는 것은 아주 중요하며, 때로는 노련미와 연륜이 필요하다. 또한 다음의 질문을 사용하면 좀 더 쉽게 핵심 사건을 찾을 수 있다. 핵심 사건을 찾은 후에는 영화관 기법을 이용하여 EFT 기법을 적용하면 된다.

핵심 사건을 찾는 질문들

1. 현재의 증상이나 상황과 비슷하게 느껴지는 과거의 기억이 있다면 무엇일까요?

2. 지금과 비슷한 느낌(감정)을 느꼈던 어린 시절의 기억이 있다면 그것은 무엇인가요?

3. 인생을 다시 살 수 있다면 다시는 만나기 싫은 사람이나, 다시는 겪기 싫은 사건이 있나요, 무엇인가요?

4. 이 증상이 낫는 것을 방해하는 것이 있다면, 그것은 무엇인가요?

우리는 타인이 필요하다,
주변 환경

감정과 기억으로 인한 고통을 다루는 것은 쉬운 일이 아니다. 가벼운 증상은 혼자서도 해결할 수 있겠지만, 대부분의 경우 타인의 손길이 있으면 더욱 잘, 효과적으로 치유할 수 있다. 예를 들어 트라우마처럼 심각한 질병은 반드시 전문가의 도움이 필요하다. 이만큼 심각한 문제가 아니라고 할지라도 타인의 손길이 없을 경우, EFT 기법의 효과가 더디게 나타나는 상황들을 볼 수 있다. 해결하고자 하는 문제가 외로움인데, 그 아픔조차 혼자서 치유해야 한다면 쉽게 나을 수 있을까?

두려움도 마찬가지다. 불안과 공포가 심한 경우에는 혼자 있는 것만으로도 두렵고, 아팠던 기억을 떠올리는 것도 막막하고 두렵게 느껴진다. 그런 경우에는 혼자서 EFT 기법을 하기보다는 함께 EFT 기법을 하는 것이 더 좋다.

아픔에 대해서 혼자서 삭히는 것도 좋지만, 사람들은 사회적 동물이라 공감을 받으며 해소할 때, 더 빨리 편해진다. 직장에서 억울한 일을 경험했던 한 여성은 그때 느낀 아픔을 공감해주면서 EFT 기법을 함께 해주자, 더 빨리 억울함에서 빠져나왔다. "혼자 할 때는 이렇게 잘 안 되는데, 함께 하니까 더 빨리 좋아지는 것 같아요!"라고 말하는 사람들이 꽤 많다. 이런 효과를 얻기 위해서는 지지그룹을 만들어 함께 EFT 기법을 수행하면 된다. 누군가와 함께 EFT를 할 상황이 아니라면, 반려동물이나 인형 등을 말동무로 삼아 EFT 기법을 할 수도 있다.

치유에 적합한 환경을 만들기가 힘들다면, 치유를 방해하는 요소부터 지우는 것도 좋은 방법이다. 복숭아 알레르기가 있는 사람이 복숭아를 먹으면 당연히 온몸이 가렵기 시작해서, 심하면 호흡곤란, 알레르기성 쇼크를 겪을 수도 있다. 하지만 적절한 치료를 한다면 바로 증상은 좋아진다. 이때 알레르기 반응이 괜찮아졌다고 다시 복숭아를 먹게 하면 어떻게 될까? 당연히 다시 몸 상태가 나빠질 것이다. 자신에게 맞지 않는 음식을 먹으면 탈이 나는 것이 당연한 것처럼, 우리 마음도 맞지 않는 환경에 있으면 탈이 난다. 스트레스 상황에 노출되어 있으면서 스트레스를 받지 않은 것이 오히려 이상한 일이다.

지속적으로 학교 폭력과 따돌림을 당하는 상황에 아이들이 노출되어 있는데도, 괜찮길 바라면 그것이 이상한 일이 아닐까? 툭하면 비교 당하고, 비난을 받는 공간에서 일을 하고 있다면, 어떻게 스트레스에서 자유로울 수 있겠는가? 매일 새벽까지 야근을 시키면서 체력이 좋길 바라는 것도 이상하지 않을까?

그럼에도 불구하고 혹자는 '세상이 원래 녹록한 게 아니야!', '남들도 어떻게든 살아가는데, 네가 약해빠져서야!'라며, 고통을 견뎌내지 못하는 것을 개인의 탓으로 돌린다. 하지만 이것은 개인의 잘못이 아니라 환경의 변화가 필요한 상황이다.

EFT가 정서 조절에 탁월한 도구이지만, 감당하기 힘든 수준의 스트레스 상황에 노출되어 있을 때는 그 효과가 일시적이라는 느낌을 받을 수 있다. 특히 가정 폭력과 같이 생명과 안전을 위협하는 트라우마 상황에 놓여 있다면, 제일 먼저 그 환경에서 벗어나야 한다. 아무리 매일 나쁜 기억을 시운다고 한들 매일 온몸에 멍이 들고 피가 날 때까지 맞아야 한다면, 두려움과 공포가 사라지긴 힘들다.

한 여성도 그랬다. 그녀는 아버지의 과도한 폭력으로 인해 심한 우울증, 불안 장애, 불면증에 시달리고 있었다. 두려움에 떨던 그녀는 견디다 못해 아버지가 찾지 못할 곳으로 몰래 이사를 갔다. 그러자 그녀의 불면증 증세가 자연스럽게 사라지고 불안 장애도 다소 감소되었다. 물론 추가적으로 불안장애와 우울증을 치료하긴 했어야 했다.

현실적으로 문제가 많은 상황임에도 불구하고 바로 벗어날 수 없는 상황에 처한 사람들도 있다. 그런 경우에는 EFT 기법을 더 많이 실시하면서, 실질적으로 환경에서 덜 힘들게 빠져나올 방법들도 같이 강구해야한다.

완전히 치유되었을 때
나타나는 현상들

남의 이야기처럼 느껴진다

많은 이들이 EFT 기법을 수행한 후, 자신의 이야기가 '남의 이야기처럼 느껴진다.'는 이야기를 한다. 과거에는 감정과 생각에 빠져 생생하게 느껴지던 상처가 더 이상 자신의 것이 아닌 남의 것처럼 느껴지는 것이다.

EFT 기법과 관련된 해외 동영상 중에 담배를 끊기 위해 EFT 기법을 적용하는 외국 여성의 사례가 나온다. 그녀는 평소에 종종 느끼는 불안과 분노를 해소하기 위해 담배를 피우곤 했는데, EFT 기법을 적용하면서 생각지도 못한 과거의 기억을 떠올렸다. 바로 어린 시절 아버지에게 수차례 성폭행을 당했던 기억이 떠올랐던 것이다. 그 순간 그녀의 눈에서는 눈물이 흘렀다.

EFT 기법으로 그녀가 느꼈던 분노와 슬픔을 다뤄주자, 그녀는 난생처음으로 평온함을 느꼈다. 몇 개월 후, 그녀가 아직도 괜찮은지를 알아보기 위해 그때의 일을 이야기해보라고 했는데, 어떠한 감정적인 동요도 없었다. 심지어 수개월 전 자신의 성폭행 기억을 치유했던 EFT 세션 비디오를 보면서도 더 이상 자신의 이야기가 아닌 남의 이야기처럼 느껴진다고 했다.

가장 먼저 떠오르는 기억이 변한다

부정적인 감정과 기억을 지우다 보면, 그 과정 속에서 기억 자체가 변하기도 한다. 물론 편향적 특성으로 인해 처음부터 잘못된 기억을 가지고 있는 경우도 있지만, 기억의 일부가 또는 전체가 완전히 바뀌기도 한다.

건물 옥상에 작업실을 둔 한 여성이 있었다. 하루는 밤늦게까지 작업을 하고 있는데, 밖에서 발걸음 소리가 들렸다. 도둑이 아닐까 하는 두려움에 그녀의 심장은 미친 듯이 뛰기 시작했다. 다행히 관리실 아저씨라는 것을 확인하고 안도의 한숨을 내쉬었지만, 그 이후부터 음식을 먹기만 하면 체하고 가슴이 답답해졌다.

그녀가 그때의 기억을 회상하기 시작했을 때 잔뜩 겁을 먹고 긴장을 하는 자신의 모습이 떠올랐다. 그러나 EFT 기법을 진행하면서 점점 불안감과 긴장감이 사라지고, 기억 속의 그녀는 여느 때와 다름없이 자신의 일을 즐겁게 하고 있는 모습으로 바뀌어 있었다. 강도로 오인하고 놀랐던 일이 있었다는 사실 자체는 바뀌지 않았지만, 그때를 회상했을 때 바로 떠오르는 장면이 완전히 바뀌었다. 그날부터 식사도 편안하게 할 수 있게 되었다.

잃어버린 기억의 조각을 찾는다

김 군은 초등학교 시절, 친구들 앞에서 힘이 센 아이에게 맞은 기억이 있다. 그 일은 김 군에게는 잊고 싶은 수치스러운 기억이었다. 그 기억에 대해 EFT 기법을 적용하자, 초기에 느꼈던 수치심은 줄어들고 분노의 감정이 드러나기 시작했다. 맞고 있는 자신을 도와주는 친구가 하나도 없었다는 사실을 깨달으면서, 친구들에 대한 배신감과 강한 분노가 나타난 것이다. 그 사실은 김 군에게 충격적인 일이었기에, 실제로 김 군은 친구들과 멀어졌다. 그런데 그 분노마저도 EFT 기법으로 내려놓자, 반대의 사실이 기억났다. 사실 친구들은 가만히 있지 않았다. 선생님을 부르러 가기도 하고, 괜찮은지 물어봐주기도 하고 김 군 곁에 있었다. 김 군의 기억을 왜곡시켰던 분노와 수치심을 덜어내자, 그제야 진실이 보였던 것이다. 억압된 감정이 무의식에 그대로 남아 김 군의 생각과 판단에 영향을 미친 결과였다.

EFT 기법을 통해 억압된 감정이 풀리면, 우리는 우리의 과거를 있는 그대로 볼 수 있는 기회, 과거의 상처에서 자유로워질 기회를 얻는다. 자신은 부모님께 단 한 번도 사랑받지 못했다고 여기는 사람들의 경우에도 EFT 기법을 통해 자신이 사랑받았던 기억들을 떠올리기도 한다. "왜 이 기억이 이제야 떠올랐을까요? 더 빨리 기억했더라면 더 빨리 편안하게 살 수 있었을 텐데요."라고 말하며 아쉬움의 눈물을 흘리는 이들도 많다.

이와 같이 나쁜 기억을 지우다 보면, 진실의 조각이든, 행복의 조각이든 우리가 알아야할 사실을 알게 될 기회를 얻는다.

가지고 있던 부정적인 생각 또는 몸의 아픈 증상이 사라진다

'안 된다! 못한다!' 등의 생각이 사라지면서, 과거에는 절대로 불가능해 보였던 꿈들이 현실로 다가온다. "저는 학력도 좋지 못하고, 영어 성적도 좋지 못해요! 이 상태로 취업은 불가능해요!"라고 말하던 30세 남성이 있었다. 오랜 시간 강박증으로 고생했던 터라 자신감도, 자기효능감도 아주 낮은 상태였다. 그러나 안 된다는 생각들을 지우고 나니, 자신이 꿈에 그리던 회사에서 원하던 월급을 받으면서 일을 하게 되었다. 자기가 바랐던 금액과 비슷하다며 얼마나 놀라워

했는지 모른다.

　나쁜 기억이 사라지면 통증이 사라지기도 한다. 극심한 편두통으로 인해 일상생활도, 잠을 자는 것도 어려워하는 여학생이 있었다. 학교 선생님이 다른 아이가 잘못한 것을 그 학생이 잘못한 것으로 착각하고 사람들 앞에서 크게 혼을 냈다. 매우 억울했지만, 평소 순하고 겁이 많던 성격이라 말 한마디 못하고 고스란히 혼이 났다. 선생님은 나중에 사실을 알았지만, 사과 한마디 없이 흐지부지 상황을 넘겼다. 여학생은 그때 느꼈던 억울함과 수치심, 분노 등의 감정들을 다뤄주고 나자 그 기억을 떠올려도 마음이 편할 뿐 아니라, 두통까지 사라졌다.

　기본적으로 이 모든 과정들은 편안함, 이완과 함께 찾아온다. 긴장이 풀리기 때문이다. 몸이 따뜻해지기도 하고 하품이 나오거나 졸음이 오기도 한다. 이 외에도 자신이 어떤 기억을 지웠는지조차 기억하지 못할 정도로 기억이 떠오르지 않는 경우도 있다.

6

마음의
평화를
완성하는
일상 습관

작은 것부터,
사랑을 표현하자

우울증, 폭식증, 불안장애, 공황장애, 만성 통증 등을 가지고 필자를 찾아온 사람들 중 꽤 많은 이들이 자신이 처해있는 힘든 상황 때문에, 혹은 자신의 과거 때문에 사랑을 갈망하나 동시에 거부감과 어려움을 느낀다. 그들 중 대개는 성장 과정 속에서 건강한 애착 관계를 형성하지 못한 이들이 많다. 사랑을 받지 못한 사람은 사랑을 주지도 못한다는 말처럼 사랑을 충만하게 받지 못한 그들은 다른 이들도, 자신도 사랑하기 어렵다. "이런 저를 어떻게 사랑하나요?" 부족하고 실수투성이인 자신을 어떻게 사랑할 수 있는지도 모르겠고, 도대체 사랑이 무엇인지도 모르겠는 상황에 처하는 것이다.

사람은 자신이 경험하지 못한 것들을 정의하기 힘들어 하고, 설령 자신이 그 경험을 하고 있는 동안에도 그것이 무엇인지 모를 때도 많다. "돌이켜 생각해보니, 그 사람은 저에게 진심이었던 것 같아요." 그 사람과 헤어지고 나서야, 그 사람의 진심을 깨닫고, 다시는 그런 사랑이 오지 못함을 안타까워하는 이들도 생긴다.

  사랑이 무엇인지 모른다고 생각하는 사람들은 작은 것으로부터 사랑을 받고 주는 연습을 시작하면 좋다. 꼭 사람이 아니어도 괜찮다. 좋아하는 동물이나, 식물, 혹은 사물까지도 포함할 수 있다. 사랑이라는 말이 거창하다면 '좋아하는 것'에 초점을 맞추면 된다. 그 무엇도 좋아하지 않는 사람은 없다. 무언가 좋아하는 마음, 그리하여 그를 아끼는 마음. 바로 그 마음이 사랑의 또 다른 모습이다. 사랑을 모른다고 생각하지만, 사실 사람들은 사랑이 무엇인지 본능적으로 안다. 다만 그 사랑의 방향을 나에게로 향하게 해줘야 한다는 것을 모르기도 하거니와, 그 방법을 잘 몰랐을 뿐이다.

  좋아하는 대상에 대해 내가 마음을 쓰는 것처럼 나를 대해보자. 그 마음을 말로 표현해보라. 거울 앞에 앉아 자신의 눈을 바라보며 "나는 너를 좋아해!"라고 말해보는 것으로 시작해볼 수도 있다. 사랑은 표현할 때, 그 대상에게 더 잘 전해진다. 더불어 자신을 사랑하지 못하는 이유에 대해서 EFT 기법을 수행하면, 조금 더 쉽게 나를 받아들이고 사랑할 수 있게 된다. 또한 "있는 그대로 나를 사랑한다."고 말만 하는 것이 아니라, 나를 사랑하고 싶기 때문에 그 말을 시작한다는 점을 기억했으면 좋겠다.

사랑하는 방식은
다양하다

호랑이와 소가 사랑에 빠졌다. 호랑이는 소를 위해서 자신이 가장 좋아하는 신선한 토끼 고기를 준비했다. 하지만 초식 동물인 소는 호랑이가 준 고기를 먹을 수가 없었다. 호랑이는 자신이 준비한 토끼 고기를 먹지 않는 소에게 서운했지만 티를 낼 수가 없었다. 다음 날 소는 호랑이에게 미안한 나머지, 가장 신선한 풀을 준비해서 호랑이에게 줬다. 하지만 호랑이는 육식 동물인지라 풀을 먹을 수가 없었다. 그런 호랑이를 보며 소 역시도 서운함을 느꼈다.

우리가 누군가를 사랑할 때, 그 사랑을 표현하는 방식에 대해서 생각해볼 필요가 있다. 방식의 차이는 종종 사랑하는 사람에게 가장 큰 독이 될 때가 많기 때문이다. 대개 사람들은 자신이 좋아하는 것,

자신이 해왔던 방식을 상대방에게 권하려고 한다. 주로 물질적으로 사랑 표현을 받아온 사람들은, 물질적으로 상대방에게 사랑을 표현한다.

"내가 얼마나 공부를 하고 싶었는데……. 할머니, 할아버지는 엄마 공부에 대한 신경도 안 썼어. 그런데 너는 복에 겨워가지고!"

이렇게 말하는 사람들은 놓치고 있는 게 있다. 바로 그렇게 말하는 자신도 역시 자식이 정말 좋아하는 것에 관심을 두지 않고 있다는 사실이다. 자신의 입장에서 자신이 원하는 것을 강요하고 있을 뿐이다. 아이들은 꼭두각시가 아닌데도 말이다. 강압적인 것을 싫어하면서도, 결국 자식에게 강압적으로 대하는 부모들이 많다. 자식과 부모는 서로 사랑하고 있지만, 호랑이와 소처럼 각자의 입장에 따라 상처를 받고 있다.

개구리 올챙이 시절 모르는 것처럼, 왜 우리는 과거 자신이 바랐던 것들을 잊는 걸까? 나아가 왜 자신이 싫어했던 방식으로 사랑하는 사람을 대하는 걸까?

사실 우리는 자신이 사랑하는 사람의 입장에서 사랑을 주는 것이 더 좋다는 것을 배우질 못했다. 그래서 자기가 이해하고 있는 사랑의 방식대로, 사랑을 표현할 수밖에 없다. 내가 좋은 것이 남에게도 좋을 것이라는 착각에 호랑이와 소처럼 사랑을 한다.

사랑이라는 이름으로 자신만의 방식을 고수하거나, 강압적인 태도를 취하거나, 비난과 비교의 방식을 취한다면, 우리 역시도 그 대상의 사랑을 알기 어려울 것이다. 설령 그들이 우리를 진심으로 사랑하더라도 말이다. 또한 역으로 누군가를 사랑하고 있다면, 우리 역시도 우리 자신을 돌아볼 필요가 있다. 자신도 모르게 자신의 방식을 상대방에게 강요하면서 자신의 마음을 알아주지 않는다고 서운해할 수도 있기 때문이다.

사랑하는 이들에게 상처를 받은 기억이 있다면, 이 점을 기억했으면 좋겠다. 그들은 여러분을 사랑하지 않은 것이 아니라, 호랑이와 소처럼 당신이 원하는 방식대로 사랑하지 않은 것뿐이다. 자신이 원하는 방식대로 사랑을 표현하지 않았다고 해서, 당신이 사랑받지 않은 것은 아니다.

표현 너머의
진심을 보자

"이런 거 필요 없다고 몇 번을 말해? 진짜 귀찮아!"

"시어머니가 미워 죽겠어요! 그냥 콱 죽었으면 좋겠어요!"

"너 같은 건 죽어 마땅해, 죽어!"

너무 화가 나는 순간, 사람들은 이렇게 말한다. 그런데 진짜 그 사람을 죽이려고 하거나 죽기를 바라서 저런 말을 하는 걸까? 우리 입에서 나온 말은 정말 항상 진심일까?

상담을 하다 보면, 상대방이 했던 말, 그 자체에 너무 많은 의미를 두는 경우를 종종 본다. 물론 다른 사람도 아닌 가족에게서 그런 말을 들으면, 그 정신적 충격이 너무나 크다는 것을 알고, 그와 같은 표현 방식이 부적절하다는 것도 너무나 잘 안다. 그런데 우리는 그렇게 말하면서도 '개떡같이 말하면서 찰떡같이 알아듣기'를 바란 적이 단한 번도 없을까?

우리는 그 순간의 감정 때문에 알게 모르게 누군가에게 상처를 줄때가 있다. 상대방이 아파하는 반응을 보이면, 자신은 나쁜 의도가아니었다고, 더 나쁘고 강하게 말하는 사람보다는 덜 나쁘다는 등 합리화하면서, 상처에 대해 언급하길 꺼린다. 실제로 진심 역시도 누군가에게 상처 주려고 한 것이 아니기도 하다.

그들의 행동이 옳은 것은 아니지만, 그들이 보여주는 말과 행동이전부가 아니라는 사실을 아는 것은 중요하다. 하지만 상처를 받는 입장에서는, 특히 그 상처의 강도가 크면 클수록 이로부터 벗어나기가쉽지가 않고, 그 상처를 곱씹으며 상대방의 마음을 오해하게 된다.

L씨의 아버지는 늘 장남인 L씨에게 엄격했다. L씨가 1등을 해오면 당연해서 칭찬을 해주지 않고, 100점을 받아오지 못하면 100점이 아니라고 혼을 냈다. 어머니에게 말대꾸라도 하거나, 자신의 공부를 하느라 동생의 공부를 도와주지 않을 때면, 버릇없고 자기밖에 모른다고 혼이 났다.

L씨에게는 아버지와 관련하여 잊지 못하는 기억이 있었는데, 그날도 L씨가 학교에서 과목 우수상을 받고 온 날이었다. L씨는 기분이좋아 가족들 앞에서 상을 받은 것을 자랑삼아 이야기했는데, L씨의아버지는 그 상이 뭐가 대단하냐며 L씨 앞에서 그 상을 찢어버렸다.

이 기억은 L씨에게는 너무나 지우고 싶은 끔찍한 순간이었고, 아버지를 떠올리면 제일 먼저 떠오르는 장면이었다. L씨가 우울증으로 인해 심리치료를 결정하기 전에는 다시는 돌아보기 싫은 과거의 순간이기도 했다. EFT 기법을 통해 고등학생이었던 L씨가 느꼈던 억울함, 분노, 무력감, 두려움 등의 감정들이 잦아들자, 비로소 잊고 있었던 기억 한 조각을 떠올랐다.

혼이 나느라 저녁도 못 먹었던 L씨는 뭐라도 먹으려고 부엌을 가다 뜻밖의 것을 보았다.

"맞아요, 아버지가 언제 찢어버린 상장을 다 붙이셨는지, 그 상장을 보고 어머니께 제 칭찬을 하시면서 기뻐하셨어요. 하긴 아버지가 집에선 늘 엄하셨지만, 다른 사람들에게는 제 자랑을 그렇게 많이 하시긴 하셨어요. 그때는 너무 아버지가 원망스럽기도 하고, 집에서와 너무 달라서 받아들이질 못했지만요."

미운 놈에게 떡 하나 주지 않고, 예쁜 아이에게 떡을 줘도 뇌는데, L씨의 아버지는 자신의 감정을 표현하지 않고 엄하게 키우는 것을 최선의 교육법이라 생각했다. 아버지에 대한 원망이 풀리자, L씨는 아버지가 자신을 인정하고 자랑스럽게 여겼다는 사실을 기억해냈고, 그제야 "자신은 부족하고 못난 사람이다."라는 생각에서 좀 더 쉽게 벗어날 수 있었다.

치유의 과정에서는 이처럼 '비난과 비판의 말 또는 행동'보다는 그

뒤에 숨겨진 '진심'을 찾는데 집중하는 것이 필요하다. 진심이 와 닿을 때 치유가 시작되기 때문이다. 이를 위해 상대방의 '말과 행동' 자체에 너무 많은 의미를 부여하지 않도록 감정을 풀어주는 것이 큰 도움이 된다. EFT를 통해 마음을 풀고, 우리 역시 진심과 다른 이야기를 했던 적이 있다는 것을 떠올리며, 상대방에 대한 마음을 내려놓을 필요가 있다.

충분한 시간을 가진 후,
용서하자

"그 사람이 어쨌든 사과했으니까, 너도 잊어버려!"

상담을 하다 보면 주로 피해자인 사람을 많이 만난다. 그들 중 다수는 자신을 힘들게 했던 가해자로부터 사과를 받고 싶어 한다. 그들이 사과만 했더라도, 자신의 아픔이 그 정도 깊어지지는 않았을 것이며, 심지어 어떤 이들은 그 한 번의 사과로 이 마음의 고통 또한 끝이 날 것이라고 여긴다. 물론 틀린 말은 아니다. 그러나 인생이 타이밍이라는 말처럼, 사과도 시기가 중요하다.

미영 씨는 최근 민지 씨 때문에 마음이 좋지 않다. 민지 씨가 사람들 앞에서 공공연하게 미영 씨의 실수를 꼬투리 잡아 면박을 주었기 때문이다. 평소에 남들을 잘 배려하고, 잘 참는 미영 씨는 불쾌하긴 했지만, 민지 씨의 그런 행동을 "너무 했지? 내가 생각해도 좀 부끄럽네~" 하고 넘어갔다. 하지만 민지 씨의 행동이 반복되자, 미영 씨는 결국은 언성을 높일 수밖에 없었다. 그러자 민지 씨는 "어머, 미안, 미영 씨~ 난 미영 씨가 별말을 안 해서 그렇게 해도 되는 줄 알았지~ 근데, 은근히 미영 씨 속 좁다~"라고 말했다.

만약 여러분들이 미영 씨라면 기분이 어떨 것 같은가? 미영 씨는 기분이 여전히 불쾌하고 화가 났을 것이다. 하지만 이런 경우, 대개 주변 사람들은 미영 씨에게 이런 말을 할 것이다.

"미영 씨, 원래 민지 씨가 저렇잖아~ 그래도 미안하다고 했으니 마음 풀어!"

미영 씨의 입장에서 생각하면 이 말들이 어떻게 들릴까? 자신의 일이 아니기도 하고, 주변 분위기가 나빠지는 것이 싫어서 내뱉은 이 한 마디로, 우리는 뜻하지 않게 상처를 받은 이에게 또 다른 상처를 입힌다.

사과와 용서는 누구의 기준에서 행해지는 것인지, 우리는 생각해 봐야 한다.

사과는 "미안해" 한 마디로 가능하기도 하지만, 대개는 그 한 마디로는 부족할 때가 많다. 이는 '진심'이라는 것을 증명하기가 쉽지 않기 때문이다. 그 사람이 진심으로 사과를 했다는 것을 우리는 어떻게 알 수 있을까? 설령, 그 사람이 진심으로 사과를 했다 할지라도, 얼마

후에 다시 상처를 주는 행동을 했다면, 우리는 그 사람의 사과를 진심이라고 받아들일 수 있을까? 또한 설령 그 사람이 진심이라고 한들, 내 안의 상처가 너무 깊다면 한 두 번의 사과만으로는 부족하지 않을까?

진심도 중요하고 또 충분한 시간도 중요하다. 우리에겐 자신의 상처를 충분히 식히고 위로해줄 시간이 필요하다. 설령 우리를 아프게 한 사람이 가족이라 할지라도 우리에겐 치유의 시간이 필요하다.

"우선 너의 사과는 고마워. 하지만 아직 나는 그 상처로 인해 마음이 아파. 나에겐 조금 더 시간이 필요해. 내 마음이 결정되면, 그때 다시 한 번 사과를 해주면 좋겠어."라고 말 해보면 어떨까? 상처 받은 자신을 먼저 생각하자. 사과를 받아들이고 용서하는 시간은 다른 사람이 아닌 '자신'이 결정해야 한다는 사실을 기억하면 좋겠다.

행복하려면,
그 과정 또한 행복해야 한다

높은 기준을 잡아놓고, 계속해서 자신을 채찍질하는 사람들이 있다. 그런 사람들을 만날 때면 문득, 현재 우리나라 사람들이 생각하는 날씬함과 정상 체중의 거리가 꽤 있는 것처럼, 자존감과 행복 또한 이와 마찬가지이지 않을까라는 생각이 든다.

성공과 행복을 바라는 사람들은 많은 것을 바라지 않고, 평균, 평범한 삶을 바란다고 말한다.

"감정에 휘둘리지 않았으면 좋겠어요!", "다시는 이렇게 아프지 않았으면 좋겠어요!", "누가 무슨 말을 하든, 어떤 상황에 있든 담담했으면 좋겠어요!" 등 철저히 자신을 관리하고자 한다. 하지만 이러한 상태가 정녕 평균적이고 평범한 것일까? 부처님과 예수님과 같은 성인은 어떨지 모르겠지만, 보통 사람들은 희노애락喜怒哀樂을 느끼는 것이 당연하지 않은가.

정서적으로 건강한 사람은 아무런 감정을 느끼지 않거나 무조건
감정을 참는 사람이 아니라, 자신의 감정을 솔직하게 표현하는 사람
이다. 이때 감정을 솔직하게 표현한다는 것은, '내 기분이니까 마음
대로 표현해도 괜찮아.'라는 방식으로 상대방에게 거칠게 표현하거
나, 내 감정의 원인을 남의 탓으로 돌리며 비난한다는 의미가 아니
다. 실수를 하면, 그 부분을 부정하지 않고 인정할 수 있는 용기가 있
는 것이 건강하고 행복한 사람이다.

지금 행복한 사람들은 처음부터 그랬던 것이 아니다. 대개는 그들
역시 꽤 많은 시간과 노력을 통해 행복을 찾았다. 세계적인 영성 지
도자 고故 루이스 L. 헤이Louise Lynn Hay도 그런 사람 중 한 명이다. 헤
이 하우스Hay House라는 출판사의 최고 주주이기도 하며, 4000만 부
이상을 판매한 베스트셀러 작가이기도 한 그녀는 많은 이들에게 자
신을 사랑하고 치유하는 법을 알려주는 강사이자 영적 지도자이다.
더불어 열린 마음으로 젊은 지도자들을 양성하고 이끌어주기까지
했다. 경제적으로도 풍요를 누린 것은 당연하다. 하지만 그녀의 과거
를 보면, 그녀는 이웃과 의붓아버지의 성폭행, 이혼, 암과 같은 심신
의 고통들을 고스란히 겪은 불행한 사람이었다.

현재 행복한 사람들의 모습만 보고 지난 과정을 보지 못할 때, 우리는 자신을 부족한 사람으로 치부하고, 자책하게 된다. 그들이 행복과 성공이라는 두 마리 토끼를 다 잡을 수 있었던 것은 처음부터 그들이 잘났고 잘하고 있었기 때문이 아니라, 그렇지 않은 자신도 사랑하고 믿어줄 수 있었기 때문이다.

　행복해지고 싶은 마음을 갖는 것은 좋다. 하지만 감정을 억압하고 외면하면서 행복해질 순 없다. 행복해지려면 그 과정과 수단 역시도 인정과 이해, 사랑과 같은 행복의 구성 요소여야 한다. 예컨대 무조건적인 사랑을 실천할 수 있을 때, 우리는 어떤 상황에 있든 무엇을 하든 행복해질 것이다.

　비교하는 마음도, 조급한 마음도 EFT 기법을 통해 내려놓자. 사람이라면 누구나 행복하고 성공할 수 있다. 다만 때론 지금은 그 목적을 위한 하나의 과정을 거치고 있는 것뿐이다. 그러니 자신의 속도에 맞춰, 진정한 행복을 향해 나아가는 것이 좋다.

겹겹의 시간을
이해하자

일제 강점기가 거의 끝날 무렵, A씨는 5남매의 막내로 태어났다. A씨가 4살 때 아버지는 돌아가셨다. 어머니는 5살 난 A씨를 집에 두고 네 아들과 시장에서 국밥 장사를 했다. 누구의 보살핌도 없이 A씨는 그저 집에서 엄마와 오빠들이 오기만을 하염없이 기다렸다. A씨를 많이 예뻐한 둘째 오빠는 혼자 있던 동생이 안쓰러워 늦은 밤 집으로 돌아올 때마다 시장터에서 먹을 것을 사오곤 했다. A씨에게 사랑과 관심이란, 기다림과 외로움의 끝에 오빠가 사 온 음식이 아니었을까?

A씨가 어느새 어른이 되어 결혼을 했다. 성실한 성품 덕분에 A씨와 남편의 살림살이도 점차 안정되었다. 슬하에 자식도 두었는데, A씨는 특히 하나밖에 없는 막내딸인 B에게 각별한 애정을 쏟았다. 자

신처럼 외롭게 키우고 싶지 않았다. A씨는 아무리 바빠도 B의 삼시 세끼를 모두 직접 챙겨주었다. 혼자 집에 있는 외로움을 알기에, B의 하교 시간에는 꼭 집을 지켰다.

A씨는 최선을 다해 사랑을 표현했지만, B가 학교에서 울면서 돌아올 때는 어찌할 바를 몰랐다. 정성을 다해 B에게 맛있는 간식을 해줄 뿐이었다. 어떤 날에는 간식으로도 B가 안정을 찾지 못했다. 그럴 때면 A씨는 시장에 가서 B가 좋아하는 장난감을 사주기도 했다. 간식은 물론이거니와 장난감조차 효과가 없는 날이면, A씨는 속상하고 답답한 마음에 "도대체 뭘 어떻게 더 해줘야 하니?"라고 화를 냈다. 분명 A씨는 자신의 어머니보다 더 나은 어머니가 되었다고 생각했고, 자신이 누리지 못한 것들을 해주었는데도 불구하고 힘들어하는 B를 이해할 수 없었던 것이다. B가 바란 것은 그저 엄마가 "우리 딸, 속상한 일 있었어?"라고 말하며 자신의 이야기를 들어주는 것이었다. 물론 A씨는 이를 알 수 없었다. 진정 서로 사랑하는지 의문만 가슴에 남긴 채 시간이 흘렀다.

B도 어른이 되어 결혼을 했다. 엄청난 부자는 아니지만, 크게 돈 걱정은 하지 않고 살 만큼의 경제적 여유는 생겼다. B씨도 딸 C를 임신하면서, 대개의 모든 엄마가 그러하듯 '좋은 엄마'가 되겠다는 마음을 다졌다. B씨는 기본적으로 엄마 A에게 받은 사랑의 표현 방식을 C에게 표현했다. 간식과 예쁜 옷, 장난감 등 자신의 기분이 나쁠

때 엄마 A가 했던 행동들이 일상이 되었다. 이에 더해 딸 C가 속상해하는 날에는 "우리 딸, 오늘 무슨 일 있었어?"라고 다정하게 물었다. B 자신이 받지 못한 것까지 더해 사랑을 표현했지만, 그럼에도 불구하고 딸 C가 울고 짜증 내는 이유를 도저히 이해할 수 없었다. "도대체 엄마가 어떻게 더 해줘야 해!" 결국 엄마 A가 자신에게 했던 말을 딸 C에게 그대로 하고 있는 자신을 발견했다.

엄마 B는 자기 딴에는 최선을 다해서 노력한 것이었지만, 자신이 C에게 해준 사랑의 방식은 C의 세대에서는 아주 특별한 사랑이 아닐 수도 있다는 사실을 몰랐다. 경제적 수준과 자식의 수가 한두 명으로 가정환경이 비슷한 유치원 친구들 사이에서 엄마 B의 노력은 보편적이었다. 딸 C도 B의 노력을 당연하다고 생각한 것이다. 고마운 마음 대신 C는 "우리 엄마는 잘 해주다가도 어느 순간 화를 내요! 그러다가 미안하다고 말하죠. 그리고 또 화를 내요. 엄마의 마음을 알 수가 없어요."라며 혼란스러운 마음만 키웠다. 딸 C의 눈에는 엄마 B는 감정 기복이 심한 사람이었고, 그때마다 C는 어떻게 반응을 해야 할지 몰라 불안한 마음에 힘들어하고 있었다.

일제 강점기와 한국 전쟁 시대를 겪었던 A씨의 어머니가 제일 중요하게 여겼던 것이 생존이라는 것을 어린 A씨가 이해할 수 없었던 것처럼, B도 엄마 A씨가 밥을 먹이고, 딸을 대학교까지 보낸다는 것이 어떤 의미인지를 이해할 수 없었다. 그것만으로도 그 세대의 부모

230

가 자식을 사랑하는 방식이라는 것을 알 수 없었던 것이다. 자신은 분명 자신의 부모가 해주지 못한 것을 자식에게 해주었는데, 자식이 이를 이해해주지 못해 서운함을 느끼고, 그 과정에서 서로 상처를 준다. 이처럼 부모들은 자신의 부모들에 비해 성장하지만, 세대와 환경의 차이로 아픔이 대물림되기도 한다.

D씨 또한 불안장애를 치료하기 위해 EFT 기법 상담을 시작했는데, 불안의 기저에는 아버지와 관련된 상처들이 있다는 것을 알게 되었다. D씨는 조사를 제외하고 욕을 하는 아버지를 도저히 이해할 수가 없었다. 덩치도, 목소리도 큰 아버지가 욕까지 하니 D씨의 어린 시절은 불안과 공포로 가득했다.

성인이 되어도 한동안 아버지를 이해할 수 없었던 D씨는 사회적 유전에 대한 부분들을 이해하면서 비로소 아버지가 끊임없이 욕설을 하는 까닭을 이해할 수 있었다. 아버지는 바람기 많은 아버지(D씨에게는 할아버지)와 새어머니 슬하에서 성장했는데, 아버지의 바람기로 인해 새어머니의 마음은 원망과 분노로 늘 가득했다. 그 원망과 분노는 늘 D씨의 아버지에게로 향했고, 어렸던 D씨의 아버지는 그 상황에서 대응 한 번 제대로 못하고 혼이 나거나 맞거나 욕을 들을 수밖에 없었다. 초등학교를 다니기 전부터 이런 일을 겪으면서 성장한 D씨의 아버지가 사람들과 소통하는 언어는 욕이 주가 될 수밖에 없었다.

현재 아버지의 행동이 옳진 않지만, D씨의 마음의 눈에 아주 어린 시절부터 언어와 신체적 폭력 속에서 성장한 어린 아버지가 보였다. 그 순간 D씨는 아버지에 대한 두려움과 분노가 누그러지며, 연민이 느껴지기 시작했다. '정말 나에게 나쁜 뜻으로 그런 욕을 하신 게 아니구나. 어린 시절, 아버지는 얼마나 무섭고 두려웠을까? 그리고 어쩌면 지금의 아버지도 말은 저렇게 표현하면서 속으로 당황스러워하고 두려워하고 계시는 건 아닐까?' 아버지이기에 원망하고 두려워하면서도 늘 좋지 않았던 마음이 그제야 풀릴 기미가 보이기 시작했다.

'사회적 유전'이라는 개념이 있다. 사회적 유전은 한 세대가 이전 세대로부터 물려받은 사고방식, 표현 방식, 삶의 살아가는 태도 등의 지식을 자신의 삶에 녹여내는 것이다. 앞서 A가 자신이 경험한 사랑의 방식인 음식을 통해 자신의 딸인 B에게 표현하는 것이 그 예이다. 건강한 사회적 유전은 각 개인을 정서적으로 건강하고 안정적으로 성장하게 해주지만, 건강하지 않은 사회적 유전은 자식 세대에게 아픔을 대물림한다.

이 때문에 부모 세대를 이해하는 시간들이 필요하기도 하다. 우리도 나이를 먹으면서 '우리 땐 이랬지, 쟤네들은 어려서 저래!'라는 생각을 할 때가 있지 않은가? 다들 자신의 입장에서 사람들을 보게 되고, 그 안에서 상대방을 판단하게 된다. 하지만 그런 판단이 절대 소중한 사람과의 관계를 회복해주지 않는다. 이해를 통해 진실을 바라볼 때, 애증愛憎의 증憎이 풀릴 기회를 얻는다.

신은 우리를
버리지 않는다

2017년 미국에서 열린 에너지 심리학 콘퍼런스Energy Psychology Conference에서 흥미로운 암 환자 치유 사례가 소개되었다. 사례의 주인공인 줄리아는 기독교가 모태 신앙이며, 아주 상냥하고 착했다. 그녀는 주변 사람들의 눈치를 많이 보며, 사람들에게 잘 맞춰주려고 했다.

그런 그녀에게 2번째 암이 찾아온 것은 남편이 같은 교회에 다니는 앨리와 바람이 났다는 것을 알고 난 후였다. 그녀는 척골과 요골(아래팔 부분을 구성하는 두 뼈)에 말기암 진단을 받았다. 그녀는 암을 치료하기 위해 심리 치료를 선택했는데, 그녀의 내면에는 너무나 많은 상처들이 있었다. 그중 하나가 종교에 대한 불신이었다. 종교에 대한 그녀의 생각은 아주 흥미로웠다. '엄마처럼 하나님도 나를 버릴 거야.', '나는 단 한 번도 종교를 버리지 않았지만, 언제나 종교는 나를 버리고 외면했잖아. 어떻게 내 남편이 같은 교회를 다니는 앨리랑 바람이 났지?'

그녀의 어머니는 어린 시절 그녀를 정서적으로 방치하곤 했다. 아이가 울어도 다독여주지도 않았고, 칭찬이나 격려도 해주지 않았다. 외로움을 많이 탔던 줄리아는 엄마의 사랑과 인정을 받기 위해 노력했지만, 엄마는 냉담했다. 친척들도 마찬가지여서 줄리아는 친척 모임에 갈 때마다 자신만 동떨어져 있는 것 같았다. 그런 상황에서도 가족들에게 인정을 받기 위해서 노력했지만 끝끝내 엄마는 그런 줄리아를 외면했고, 줄리아는 17세 때 처음으로 암에 걸렸다.

결혼 후 이제는 사랑을 받고 행복한 삶을 살게 될 것이라고 믿었는데, 남편이 바람이 났다. 그것도 같은 교회에 다니는 앨리와 함께 말이다. 타 종교를 믿는 사람들이나 무신론자에게는 하나님이 나를 버린다는 것이 별 큰 의미가 없지만, 모태 신앙인 사람들에게 하나님의 사랑을 잃어버리는 것은 너무나도 절대적인 충격이다.

실제로 상담을 하다 보면, 신에 대한 믿음을 회복함으로써 통증들이 좋아지는 경우를 본다. 몸이든 마음이든 오랜 시간동안 아프게 되면, 종교가 없던 사람들도 종교를 찾게 된다. 모태 신앙인 경우라면 오죽할까. 하지만 아무리 기도를 해도 낫지 않게 될 때, 우리는 신이 우리를 버렸다고 생각하게 된다. 하나님과 부처님을 원망하기도 하고, 또 한편으로는 이런 마음 때문에 자신이 벌을 받아 아픈 것은 아닌지 두려움에 떨기도 한다.

하지만 과연 신은 우리를 버린 것일까?

민수 씨는 엄한 아버지와 비판적인 어머니 아래에서 성장했다. 아버지는 아들이기 때문에 더 강하게 키워야 한다고 생각했다. 어머니는 그런 아버지와의 관계가 좋지 않았고, 아버지를 닮은 민수 씨를 비난하고 싫어했다.

어린 아이들에게 양육자, 즉 부모는 신과 같은 존재이다. 사람들은 자신도 모르게 자신의 양육자와 신을 동일시한다. 그래서 양육자의 태도에 따라, 신 역시 양육자들처럼 자신을 대할 것이라는 생각을 은연중에 한다. 그래서 신이 자신을 버렸다고 생각한다. 하지만 상담을 통해 그 좌절감과 절망감의 기저에는 정말 신이 있는 것이 아니라, '양육자'가 있다는 것을 깨닫게 된다.

민수 씨는 상담 과정을 통해, 단 한 순간도 하나님이 자신을 버린 적이 없다는 것을 깨닫게 되었고, 그러한 믿음의 회복은 민수 씨의 강렬한 불안감을 잦아들게 했다.

간혹 심리 치료를 받는 것은 자신의 종교적 신념이 약해서 그런 것이라고 오해하는 사람들이 있다. 하지만 이는 자신의 종교를 저버리게 하는 것이 아니다. 오히려 자신의 부정적인 감정이나 아픔 때문에 진정한 믿음을 잃어버리지 않도록 도와준다. 줄리아 역시도 치유의 과정을 통해 종교와 신에 대한 믿음을 회복은 물론이며, 현재까지 건강하게 살아있다고 한다.

이 책의 초판본을 내고 지금 이렇게 개정판을 내기까지 7년의 시간이 흘렀다. 그 시간 동안 필자는 EFT 기법을 통해 개인적으로 더 많은 변화를 경험했다. 자신의 얼굴에 책임을 진다는 말이 있던가? 최근에 진행한 EFT 기법 교육에서, 한 수강생이 "예전 사진에서 본 인상과 현재의 인상이 너무 다르시네요. 이것이 EFT 효과인가요?" 라고 표현할 정도로, EFT 기법은 필자의 인상에 많은 변화를 주었다. 이뿐 아니라 필자의 삶에도 많은 안정과 행복을 줬다.

그와 동시에 필자는 EFT 기법을 통해 다양한 문제를 가진 많은 사람들을 만났다. 그 과정 속에서 기적과 같은 변화들을 느낄 때도 있었고, 때로는 생각보다 더딘 사람들의 변화에 좌절할 때도 있었다.

하지만 사람들은 저마다의 속도로 변화했고 또 치유되었다. 그리고 그 과정 속에서 새삼 깨달은 것이 있었는데, 변화의 속도보다, 그 기적과 같은 효과보다 더 중요한 것이 있다는 사실이다. 그것은 바로 사람들에게 "우리 안에는 자신을 치유할 수 있는 힘이 있다."는 사실을 알리는 것이었다.

이제껏 자신의 감정과 고통에 어떻게 대처해야 할 지 몰라, 짧게는 수개월에서 수십 년 동안 아픔을 억압하고 외면하며 살아온 사람들을 만나면서 필자는 생각했다. 적어도 필자를 만나는 사람들이 다시는 그런 삶을 살지 않도록, 자신의 마음을 치유하는 방법과 자신의 힘을 깨닫게 도와주어야겠다고 말이다. 병은 생기기 전의 상태인 미병未病의 상태에서 치료하는 것이 나으며, 자전거를 타는 법을 배우면, 다음번에도 쉽게 탈 수 있기 때문이다.

물론 자전거 타는 법을 배운다고 해서 단 한 번도 넘어지지 않을 수 없는 것처럼, EFT 기법을 안다고 해서 삶을 살아가는 동안 단 한 번도 실패와 상처를 경험하지 않을 순 없다. EFT 기법은 넘어져 아파하는 우리를 좀 더 쉽게 일어날 수 있게 도와준다. 원한다면 마치 실패한 적이 없었던 것처럼 더 멀리 나아가게 해준다.

실제로 치유의 과정 속에서 어떤 사람들은 "선생님, 제 안에 그렇게 많은 슬픔과 분노가 있었네요!"라고 말하며 자신의 아픔에 대해 인식하고 더 깊이 공감할 수 있게 되기도 하고, "이제는 제 안의 저를 만나는 시간이 기대되고 즐거워요!" 또는 "이젠 저를 사랑하게 되었어요!"라고 말하면서 자신을 좀 더 사랑할 수 있게 되었다. 물고기를 잡아주기보다는 잡는 법을 가르쳐주는 유대인의 교육방법처럼, 사람들이 EFT 기법을 통해 좀 더 건강하고 행복해지는 법을 배우는 것을 바로 곁에서 볼 수 있었다.

물론 그렇다고 EFT 기법이 단 하나의, 절대적 방법이라고 생각하진 않는다. 필자가 십년 넘게 외국을 다니면서 배운 방법 중에 EFT 기법만큼이나 탁월한 방법도 많았다. 그럼에도 필자가 십 년이 넘는 시간 동안 EFT 기법을 알린 것은 EFT 기법만큼 쉽고 간단한 방법이 없었기 때문이다. 또한 EFT 기법을 통해 사람들의 치유 과정에 동참하며, 진정한 긍정과 용기를 만났기 때문이다. 아픔을 억압하고 외면하며, 좋은 게 좋은 것이라고 생각하는 거짓 긍정이 아닌 지금 자신의 상태가 어떠하든 무조건적으로 받아들이고 사랑하는 진정한 긍정을 보았기 때문이다.

필자는 사회의 빠른 변화와 지나친 경쟁 등으로 힘든 사회를 살아가기 위해 반드시 필요한 것이 '진정한 긍정'이라고 생각한다. 아픔을 바라볼 수 있는 용기와, 있는 그대로 받아들임을 통해 치유할 수 있도록 도와주는 EFT 기법이 진정한 긍정을 가능케 해주는 좋은 도구라고 생각한다.

필자가 10대 때 좋아했던 작가 헤르만 헤세는 다음과 같은 말을 했다.

"우리 마음은 우리가 그려놓은 편견을 넘어 날아갈 수 있는 능력을 가지고 있다."

실로 우리 안에는 그럴 수 있는 힘이 있다. EFT 기법이 여러분들께 자신의 힘을 깨닫고 더 자유롭고, 균형 잡힌 행복한 삶을 살 수 있도록 도와줄 수 있길 바란다.

Q&A
EFT Work Sheet

Q&A

1. 제 문제도 EFT로 해결할 수 있나요?

EFT 기법을 접하는 많은 사람들은 EFT 기법이 어디까지 적용 가능한지 종종 묻곤 한다. 국내외 EFT 기법 사례들을 바탕으로, EFT 기법이 효과가 있었던 증상들의 목록을 정리했다. 아래의 목록이 그 답이 되길 바란다.

모든 감정과 관련된 기억 – 화, 분노 /우울/ 불안. 공포 / 수치심/ 외로움 등
불안 / 공포증 – 대인공포 및 기피 / 발표불안(무대공포) / 광장 공포 / 폐쇄 공포 / 고소 공포 / 시험 불안 / 벌레 또는 동물 공포증 등
트라우마 – 가정폭력 / 성추행, 성폭행 / 전쟁 트라우마 / 교통 사고 (차/비행기/기차/지하철) / 상실 의 아픔
우울증/ 화병/ 공황장애/ 불안장애
불면증 / 스트레스 / 악몽

관계 문제 – 가족 / 직장 / 연인 관계 개선 및 향상
다이어트와 식이장애 – 과식, 폭식 / 거식 / 살빼기
자기 계발 관련 – 자신감 향상, 습관 바꾸기, 학업 성취 등
스포츠 관련 – 골프, 스케이트 등의 실력 향상

신경성 질환 – 위장질환 / 과민성대장증후군

ADHD, ADD, 주의력결핍장애 / 등교거부

틱장애 / 뚜렛장애

중독 – 게임 중독 / 인터넷 중독 / 담배 중독 / 초콜렛 중독 / 알코올 중독

만성피로증후군 / 숙취해소

시력 – 근시 / 난시

통증 관련 – 턱관절 / 두통 (편두통) / 목통증 / 어깨통증 / 허리통증 / 무릎통증 /만성통증

환지통 / 발목, 손가락 염좌

천식 / 이명

혈압 / 당뇨

난치병 및 암 – 암 / 크론씨병 / 섬유근육통 / 다발성경화증 / 혈관섬유성연축

2 나쁜 기억을 지우기 위해서 왜 더 생생하게

그 기억을 떠올려야 하나요?

사람들은 시간과 함께 대부분의 나쁜 기억을 억압, 봉인시킨다. 그로 인해 평소에는 나쁜 기억을 잘 생각하지도 못할 뿐 아니라, 설령 떠올린다고 해도 그 기억으로 인한 불편함을 느끼지 못하기도 한다. 그러나 특정한 상황으로 인해 과거의 괴로운 기억이 다시 떠오르게 되면, 사정이 달라진다. 다시 떠오른 기억은 생각지 않은 방식으로

머릿속을 가득 채우고 마음뿐 아니라 몸까지 불편하게 만든다. 생각보다 많은 사람들이 과거의 상처들로 인해 정서적 불편함 뿐 아니라 가슴이 답답하거나 두통이나 위장의 통증 등 신체적 불편함을 느낀다. 이러한 불편함 때문에 사람들은 의도적으로 나쁜 기억을 떠올리고 싶어 하지 않는다. 그래서일까? 꽤 많은 사람들이 참기 힘들 때까지 고통을 참고 버티다가, 더 이상 견디기 힘들어질 때 EFT 기법을 적용하려고 한다. 물론 그렇게 해도 괜찮다. 치유의 시간은 여러분의 선택이고 자유니까.

나쁜 기억으로부터 자유로워지려면, 먼저 나쁜 기억을 떠올려야 하는 사실은 어쩔 수가 없다. 무엇이 나쁜 기억인지도 모른 채, 어떻게 그 기억을 지울 수 있을까? 또한 효과적인 기억 지우기를 위해서라도 그 기억을 구성하고 있는 요소들이 무엇인지 알아야 한다. 그리고 그 요소들을 바탕으로 생생한 감정을 느낄 수 있도록 그 상황을 생생하게 떠올려야 한다. 그래야 나중에 나쁜 기억이 잘 지워졌는지 확인할 수 있다. 잡초를 뿌리까지 뽑지 않으면 다시 자라나는 것처럼, 기억이 깨끗하게 다 지워지지 않으면 그 기억의 잔재가 남아 다른 나쁜 기억들에 영향을 줄 수 있기 때문이다.

더 자유로워지기 위해, 그 기억을 직면해야 할 용기가 필요하다.

3. 부정적인 말을 반복해서 말하는데,

그러다가 나쁜 말이 도리어 기억되는 게 아닐까요?

충분히 걱정하고 우려할 수 있는 부분이지만, 기우다. 이를 위해 다시 한 번 수용확언과 연상어구의 의미를 살펴보자. 수용확언의 핵심은 '나는 비록 이 문제를 가지고 있지만'이라는 부분에 있는 게 아니라, '있는 그대로 받아들이고 사랑합니다.'라는 부분에 있다. 비록 내가 어떤 모습을 가지고 있든, 그런 모습조차도 있는 그대로 받아들이고 사랑한다는 의미다. 조건과 무관하게 있는 그대로의 존재를 받아들이고 사랑하겠다는 말이 부정적인 말일 순 없다. 오히려 그 말을 반복함으로써, 잘해야만 자신을 인정하고 사랑하는 조건적인 사랑에서 벗어난 무조건적인 사랑을 경험할 수 있게 된다.

그러나 연상어구에 대한 걱정은 여전히 남는다. 연상어구는 수용확언과 달리 지우고 없애려고 하는 상황을 떠올리게 하는 모든 말, 감정, 생각 등을 의미하기 때문이다. 그러나 이것들은 EFT 기법을 통해 확실히 해소, 사라지는 것이기 때문에 우리에게 남아있을까 걱정하지 않아도 된다. 예를 들어, 키가 작아서 콤플렉스인 사람에게 '땅꼬마', '난쟁이'라고 놀리면 그 사람은 그 말에 상처를 받는다. 그러나 키가 190cm가 넘는 사람에게 그런 말을 하면 어떨까? 키가 큰 사람들은 그 말을 들어도 신경을 쓰지 않는다. 왜냐하면 그들에게

'땅꼬마', '난쟁이'라는 말은 사실무근, 무의미한 말이기 때문이다. 실제로 우리의 뇌는 의미가 없는 철자에는 쉽게 반응하지 않고 잊어버리는 경향이 있다. EFT 기법을 통해 해당 문제가 해결되고 나면, 그문제는 더 이상 나와 무관한 문제이기 때문에 쉽게 반응하지 않을 뿐더러 기억에 남지 않는다. 또한 EFT는 그냥 연상어구만 반복하는 것이 아니라, 혈자리를 두드려 감정적인 것들을 풀어주기 때문에 편안하게 EFT 기법을 해도 된다.

4. 기억이 생생하게 떠오르질 않아요.
이럴 땐 어떻게 해야 하나요?

다시는 경험하기 싫은, 보기도 싫은 사건이 사람들마다 하나씩은 있을 것이다. 그 기억에 대해서는 아주 사소한 것까지도 완전히 지우고 싶을 것이다. 그러나 그 고통이 너무나 큰 경우에는 무의식이 우리를 보호하기 위해 그 기억을 강력히 억압한다. 그 결과 그 기억을 회상하려고 해도 잘 떠오르질 않는다.

영국의 심리학자 고든Godden, D. R과 배들리Baddele, A. D는 재미난 실험을 했다. 그들은 잠수부들에게 똑같은 잠수복을 입히고 무작위로 A, B 두 그룹으로 나누었다. 그리고 A그룹은 해변에 서 있게 하고 B그룹은 3미터 깊이의 물속에 떠 있게 한 상태로, 임의로 선정한 40

개의 단어를 들려주었다. 또한 위치를 바꾸어서 다시 실험했다. 그 이후에 두 그룹이 단어를 얼마나 기억하는지를 측정해보았다. 그러자 A그룹은 해변에 서 있을 때, 물속에 있을 때보다 15% 정도 더 많은 단어를 기억했고, B그룹은 물속에 있었을 때, 해변에 서 있었을 때보다 15% 더 많은 단어를 기억해냈다.

이를 통해 알 수 있듯, 처음 정보를 받아들였을 때와 같은 조건일 때 - 외부적 환경뿐 아니라 감정, 기분까지 포함하여 - 사람들은 대개 더 기억을 잘 떠올린다. 이런 기억의 특성을 '상호 의존성'이라고 한다. 이 특성을 이용하면 잊었던 기억도 떠올릴 수 있다.

그렇다고 해서 기억을 생생하게 떠올리기 위해 직접적으로 그 상황을 재현할 필요는 없다. 예컨대 가정 폭력을 또다시 당할 필요는 없는 것이다. 상상을 동원해서 그때와 유사한 상황을 떠올리거나, 지우려고 하는 기억과 관련된 사람의 사진, 소품 등을 이용하면 된다. 그리고 상상력을 동원하여 마치 한 편의 영화처럼 그 기억을 재구성해보라. 이와 같은 방식을 이용하면, 잘 떠오르지 않는 기억들이 서서히 떠오를 것이다. 그리고 그때 EFT 기법을 수행하면 좋은 결과를 얻게 된다.

5. 소리 내어 말을 하지 않아도 되나요?

EFT 기법을 할 때, 소리를 내어 말을 하는 이유는 기억(장면, 감정 등)을 더 잘 떠올리기 위해서, 지금 해결하고 있는 문제에 집중하기 위해서, 지금 말하고 있는 상황에 대해 받아들인다는 것을 스스로에게 선언하고 인정하기 위해서이다.

이 외에도 소리를 내어 말하는 것은 진단적 의미도 있다. 소리를 내어 말하다보면 말하는 상황에 감정적으로 더 집중하기 쉬워지는데, 큰소리를 내어 말해도 마음이 평온하다면 그 기억은 거의 99.9% 이상 지워진 것이다.

따라서 위의 목적을 잘 달성할 수만 있다면, 꼭 소리를 내어 말을 하면서 EFT 기법을 할 필요는 없다. 사람들이 많은 곳에 있어서 소리를 내어 말하지 못하는 상황에 처해져 있다면, 차선책으로 소리 내지 않고 최대한 문제에 집중하여 EFT 기법을 수행해도 효과를 얻을 수 있다. 상황에 맞게 유연성 있게 EFT 기법을 적용하면 된다.

6. 사람들 앞에선 어떻게 하죠?

EFT 기법은 그 효과가 탁월함에도 불구하고 방법이 생소하다 보니 쉽게 따라 하기 꺼려지기도 한다. 특히 대중교통이나 사람들이 있는 곳 앞에서 하기엔 더욱 꺼려지는데, 그런 경우에는 어떻게 하면

될까? 상황에 맞게 좀 더 유연하게 적용할 수 있다. 예를 들면 '침묵 EFT', '손가락 EFT', '깍지 EFT', '상상 EFT'를 이용함으로써, 어떤 상황에서도 편안하게 EFT를 적용할 수 있다.

침묵 EFT

침묵 EFT는 말 그대로 아무 소리도 내지 않고 EFT 기법의 각 타점을 두드리는 방법이다.

침묵 EFT는 EFT 기초 과정 외에도 손가락 · 깍지 · 상상 EFT와도 결합해서 다양하게 쓰일 수 있는 기법이다. 침묵 EFT의 핵심은 침묵이기 때문이다. 이 외에도 감정들이 너무나 고조되고 생각들이 너무 많아 어떤 말을 해야 할지 모를 때에도 사용할 수 있다.

손가락 EFT

손가락 EFT는 손가락 타점만 두드려주는 방법이다. 손가락에는 총 6가지 타점이 있는데, 심리적 역전을 없애 주는 손날타점을 필두로, 엄지, 검지, 중지, 손등, 소지 이렇게 5가지 타점이 더 있다. 그러나 손가락 EFT를 할 때에는 위치의 편의상 손등 타점 대신에 약지를 사용한다. 손등(중저혈)과 약지(관충혈)는 같은 경락의 자리이기 때문에 가능한 부분이다. 손가락 EFT는 소리를 내어 실시할 수도 있지만 사람들이 많은 상황에 따라 침묵 EFT와 결합하여 마음속으로도 실시할 수 있다.

깍지 EFT

깍지 EFT는 '게으른 자를 위한 EFT'라는 별명을 가지고 있는 방법이다. 다음 장의 그림처럼 손가락 끝의 각 타점 부위를 깍지 모양으로 겹친다. 깍지를 낀 손을 배 아래로 자연스럽게 내려놓으면, 중력의 작용에 의해 손가락 끝에 자극이 간다. 깍지 EFT를 할 때에는 대개 수용확언이나 연상어구를 말로 하기 보다는 아무 말 없이 마음 속으로 진행하는 경우가 많다. 이 때 깍지 EFT의 효과를 높이기 위해, 중간 중간에 심호흡을 하면서 몸을 이완시켜 준다. 깍지 EFT는 사람들이 많은 공간뿐만 아니라, 낮잠 잘 때, 자기 전, 일어난 직후 등에도 이용하면 피로에서 상대적으로 빨리 벗어날 수 있다.

상상 EFT

상상 EFT는 이미지 트레이닝의 기본 원리, 즉 우리의 뇌가 현실과 생생한 상상을 구분하지 못한다는 것에 착안을 해서 만들어진 것이다. 따라서 EFT 타점을 두드려준다고 상상하면서 EFT를 적용하는

손가락 타점 끝부분이 겹치도록 헐겁게 깍지를 끼면 깍지 EFT 자세가 된다. 따로 힘을 주지 않아도 중력에 의해 저절로 각 타점에 자극을 준다.

방법이다. 단, 타점을 두드리는 상상과 말을 동시에 하는 것이 처음에는 어렵게 느껴질 수도 있기에, 약간의 훈련이 필요한 방법이다.

7. 도대체 언제까지 해야 하나요?

EFT 초보자들이 궁금해하는 것 중의 하나가, 도대체 EFT 기법을 언제까지 해야 하는가이다. 결론만 말하면, 한 기억이 완전히 지워질 때까지 하면 된다. 그러나 막상 나쁜 기억을 지우다 보면 그게 쉽게 잘 안 된다. 지우고 싶은 기억이 한두 개가 아닌 경우가 대부분이기 때문이다. 지우고 싶은 기억의 수가 많고 마음도 급하다 보니, 많은 사람들이 지우고 싶은 기억들을 조금씩 건드리곤 한다. A 기억에 대해서 한 5분 정도 두드리고, 그 다음에 B 기억을 떠올리면서 5분 정도 두드리고, 그 다음에 C 기억을 바로 떠올려서 5분 정도 두드리는 등 여러 가지 문제를 동시에 조금씩 두드리는 것이다. 그럼 어떻게 될까?

이 기억 저 기억을 동시에 떠올리다 보니, 기억 하나 제대로 지우지도 못한 채 점점 기분만 나빠지고 몸도 불편해지는 것을 경험하곤 한다. 즉, 안 하는 것보다 못한 상황이 되는 것이다. 이는 급한 마음에 오히려 일을 그르치는 경우이다. 한 번에 여러 개를 지우는 것이 더 빨라 보일 수도 있지만, 자신이 할 수 있는 만큼 조금씩 지우는 것이 결과적으로 보면 더 안전하고 빠르다.

다시 한 번 말하지만, 나쁜 기억은 한 번에 하나씩 지우는 것이 원칙이다. 따라서 한 가지 기억으로부터 완전히 편안해질 때까지 EFT를 적용해야 한다. 언제까지 해야 하는가에 대한 답변은 얼마나 오랫동안 두드렸느냐는 시간의 문제가 아니라, 특정 기억으로부터 완전히 자유로워졌는지가 기준이다.

예외〉 A라는 기억을 지우다가 핵심사건이 저절로 떠오를 때는 예외이다. 이런 경우에는 핵심사건을 지우고, 다시 A 기억을 마저 지워야 한다.

8. 생각보다 시간이 많이 걸려서,

기억을 깨끗하게 지울 시간이 없을 땐 어떻게 하죠?

EFT 기법으로 기억을 지우다 보면, 아직 기억을 미처 다 지우지 못했는데도, EFT를 더 진행할 시간적, 환경적 여건이 안 되는 경우가 발생한다. 감정이 한참 고조되었을 때라면, 진정도 쉽게 되지 않고, 몸과 마음 상태도 악화될 수도 있다. 이런 경우에는 '상자 EFT'라는 방법을 이용해서 응급처치를 해주면 좋다. 상자 EFT는 수용확언을 변형시킨 방법의 하나이다.

우선 마음속에 상자를 하나 떠올린다. 그 상자 안에 미처 해결하지 못한 감정들을 넣고 상자 문을 닫는다. 그리고 손날 타점을 두드리면서 다음과 같은 수용확언을 소리내어 말한다. '비록 이 문제를 다 해결하지 못해서 아직 (특정) 감정이 남아 있지만, 마음속에 아주 커다랗고 튼튼한 상자를 하나 준비합니다. 이 상자에 미처 해결하지 못한 이 감정과 이 문제들을 잘 넣고, 꼭꼭 잘 닫아서 마음 한쪽에 잘 보관해두었다가, 시간이 될 때마다 다룰 수 있는 만큼 조금씩조금씩 꺼내어 하나씩 하나씩 다루어 주는 것을 선택합니다. 그리고 바로 지금, 내 마음이 편안해지고 고요해지는 것을 선택합니다. 내 마음은 고요합니다.' 그 후 쇄골 타점을 두드리면서 심호흡을 3회 정도 실시한다.

대개의 경우는 이렇게만 실시하더라도 마음이 평온해지는 상태가 된다. 그러나 지우고 있는 기억이 트라우마에 해당되는 경우에는, 상

마음 속에 상자를 하나 떠올린다. 그 상자 안에 미처 해결하지 못한 감정들을 넣고 상자 문을 닫는다. 그리고 마음 한쪽 안전한 곳에 잘 보관해둔다고 상상해보자.

자 EFT의 효과가 잘 나타나지 않을 수도 있다. 그런 경우에는 시간이 걸려도 그 문제에 대해서 EFT를 적용해줄 필요가 있다. 그러나 상황상 그것이 불가능하다면, 상자 EFT 기법을 여러 차례 추가로 실시해주는 것이 필요하다. 그런데도 해결되지 않는다면, 전문가의 도움이 필요하다.

EFT Work Sheet

EFT 단계	활동내용	
문제 확인 (나쁜 기억 마주하기)	사건	
	사건 발생 시 신체적 변화	
	당시 느꼈던 감정	
	기타	
주관적 고통 지수	 0　1　2　3　4　5　6　7　8　9　10 평온　　조금 불편　　불편　　많이 불편　　고통	
수용확언	나는 비록 ＿＿＿＿＿＿＿＿＿＿＿히지민, 이런 나도 있는 그대로 이해하고 사랑합니다. 이런 나도 있는 그대로 받아들이고 사랑합니다. 마음 속 깊이 진심으로 나를 용서하고 사랑합니다.	
연상어구		
준비 단계	수용확언 3번 말하며 가슴압통점, 손날타점을 두드리기	

연속 두드리기	연상어구를 말하며 눈썹 – 눈옆 – 눈밑 – 코밑 – 입술 아래 – 쇄골 – 겨드랑이 – 명치옆 – 엄지 – 검지 – 중 지 – 소지 – 손날을 각 7회씩 두드리기
뇌조율 과정 (손등 두드리기)	눈을 감았다 뜬다. 머리는 움직이지 말고 눈동자만 움직여서 최대한 빨리 오른쪽 아래, 왼쪽 아래를 번갈아 본다. 머리는 움직이지 말고 눈동자를 시계 방향으로, 반시계 방향으로 크게 돌린다. 약 2초 정도 '생일 축하합니다' 노래를 콧노래로 부른 다. 밝은 노래 중 자신이 좋아하는 곡을 불러도 좋다. 1–5까지 빨리 숫자를 센다. 다시, 2초간 밝은 노래를 콧노래로 부른다.
반복	준비단계 – 연속 두드리기 – 뇌조율 과정– 연속 두드 리기
주관적 고통지수	 0 1 2 3 4 5 6 7 8 9 10 평온 조금 불편 불편 많이 불편 고통

주관적 고통지수가 낮아질 때까지 EFT 과정을 반복하세요.

나쁜 기억에서
자유로워지는 연습

초판 1쇄 발행 2018년 5월 30일

지은이 이진희
펴낸이 이지은
펴낸곳 팜파스
기획편집 이은규
디자인 어나더페이퍼
일러스트 영수
마케팅 정우룡
인쇄 (주)미광원색사

출판등록 2002년 12월 30일 제10-2536호
주소 서울시 마포구 어울마당로5길 18 팜파스빌딩 2층
전화 02-335-3681   **팩스** 02-335-3743
이메일 www.pampasbook.com|blog.naver.com/pampasbook

값 13,800원
ISBN 979-11-7026-202-2 (03180)
ⓒ 2018, 이진희

이 도서의 국립중앙도서관 출판예정도서목록(CIP)은 서지정보유통지원시스템 홈페이지(http://seoji.nl.go.kr)와 국가자료공동목록시스템(http://www.nl.go.kr/kolisnet)에서 이용하실 수 있습니다.(CIP제어번호: CIP2018014340)